中国当代史民间资料集刊

25

生產隊紀事

张建清 / 著

华东师范大学当代文献史料中心 / 编

本书出版得到「华东师范大学社会主义历史与文献研究院当代地方文献史料建设基金」的资助

中国出版集团
东方出版中心

图书在版编目(CIP)数据

生产队纪事 / 张建清著. -- 上海：东方出版中心，
2024.12 (2025.2 重印). -- (中国当代民间史料集刊).
ISBN 978-7-5473-2619-0

Ⅰ. K270.6

中国国家版本馆 CIP 数据核字第 2024ZQ5505 号

生产队纪事

著　　　者	张建清	
责任编辑	王欢欢	
封面题字	管　峻	
插　　图	赵以人	
封面设计	丫　头　余佳佳	

出 版 人　陈义望
出版发行　东方出版中心
地　　址　上海市仙霞路 345 号
邮政编码　200336
电　　话　021-62417400
印 刷 者　上海万卷印刷股份有限公司

开　　本　710mm×1000mm　1/16
印　　张　12.25
字　　数　150 千字
版　　次　2025 年 1 月第 1 版
印　　次　2025 年 2 月第 2 次印刷
定　　价　78.00 元

编者说明

2009 年,华东师范大学中国当代史研究中心编辑出版了"中国当代民间史料集刊"(以下简称"集刊")第一集。自那以后,又分几批陆续出版数集,迄今已经编辑出版了 23 集。"集刊"陆续出版后,引起学界的关注,得到不少研究者的肯定和好评。为了中国当代史研究的持续推进和深入,我们除了继续编辑出版"中国当代史民间资料集刊",今年开始还新推出"中国当代地方和基层史料丛刊"和"改革开放史料丛刊"。从今年起,"中国当代史民间资料集刊"主要编辑出版个人和家庭的资料,如工作笔记、日记、家书、家计等。"中国当代地方和基层史料丛刊"主要编辑出版地方或企业、乡村、学校、街道等基层单位的资料,如报告、总结、计划、公函、会议记录、报表、账册等。"改革开放史料丛刊"编辑出版有关改革开放的史料,包括地方、基层单位和有关部门的考察报告、调查汇报、经验总结等。上述资料整理编辑出版过程中,难免存在缺点乃至错误,诚挚欢迎学界和社会各界人士予以批评和指正。

华东师范大学社会主义历史与文献研究院

中国当代史研究中心、当代文献史料中心

2024 年 8 月 1 日

写在前面的话

"生产队"曾经是对中国农民行使管理权限和组织农业生产的最小建制单位,它随着"人民公社"的诞生而诞生,所谓"三级所有,队为基础"是其经济核算形式。"三级"所有制就是人民公社、大队、生产队,生产队还简称"小队"。小队的干部结构由队长、副队长、副业队长(分时期或地域,不普遍设置)、妇女队长、会计、现金出纳、记工员、农技员(有时还兼绿萍专管员)、管水员组成。

生产队在中国历史上是一个空前绝后的产物,尽管它仅仅存在了最多不超过二十五年的时间,似乎还不值得史学家们为它稍着笔墨,但它对中国农民的影响却是那样深刻。每一个农民都从属于一个生产队,每一个农民都是生产队的一个社员,他们包括还没成为社员的他们的子女以及已经丧失社员资格的他们的长辈,在自己所在的生产队那一二百亩土地上,干活、吃饭,或者干活、饿肚子。尽管时代要求他们"胸怀全球、放眼世界",可现实却不许他们随便越出自己的地界。他们对城市的向往,比历史上任何一个时代的祖先都要强烈。他们一切的理想愿望、一切的喜怒哀乐都像脚边的野草一样,随土而生,又随土而湮灭,几乎了无痕迹。所谓"纪事"无非是"过来"之人,将自己储存在脑子里像那起了盐霜的咸菜干那样的记忆,在茶余饭后唏嘘感慨一番,助我凑成这个无案可稽的《生产队纪事》。

目　录

一、朝气蓬勃

　　一长溜灰色的房屋坐北朝南横亘在竹林杂树间,有小河在房前环绕。一群身着破旧的人,在村前屋后或离村子更远的大田里,或排成行,或散成片,人人都在卖力地干活。这就是当年在江南农村常见的生产队的画面。二十世纪六十年代末七十年代初的生产队,由于还处于单一的粮食种植阶段,与城市几乎没有任何联系,所以相当闭塞,农民一年四季困在田里,面朝黄土背朝天,弯腰屈背一年又一年。在这样的环境里,社员们了解最好的就是猪了,哪家的猪长得多大,哪家的母猪正在发情,哪家的母猪生了几只,都清清楚楚。其实大家关心猪猡,并不奢望杀猪吃肉,别说没钱买肉,就是买得起也要凭票。社员关注的是猪的粪便,那可是贵如黄金啊。社员们用自己的语言来赞美它:"肥是农家宝,种田不可少。"猪粪是最好的肥料,当然更是宝中之宝。

　　钱老师却不懂得社员的感情,也难怪,他总是和广大贫下中农隔着那么一层。小学东面是生产队的养猪场,并排两个大粪坑,容纳了队里十几头猪的粪水,为生产队的粮食增产提供着有力保障。那天突降大雨,粪坑一下子满了起来,眼看就要往外溢,而一旦外溢就要"顺流而下"淌到小学操场上去了。钱老师是新来的代课老师,年纪轻、精力旺,看到情况紧急,毫不犹豫地操起学校的铁耙、粪勺往猪场赶。钱老师用铁耙飞快垒出一条小沟,把粪坑与猪场边的小河沟通,然后拼命舀起粪水朝沟里排。钱老师浑身湿透,正起劲呢,却不料背后被人狠狠一推,一个趔趄差点跌进粪坑里。随着一声怒喝,手中的粪勺又被打落在地。钱老师看清了是队里的老饲养员三宝,平时笑眯眯的三宝凶神恶煞一般,雨地里骂着,揪着钱老师往队长家里拉。

社员都对钱老师糟蹋生产队猪粪的行为表示愤慨,队长跟校长商量后决定让钱老师跟着社员挑几天猪粪,以培养阶级感情。

几天后由老农福根带钱老师一起出猪粪。那时社员家养猪,猪归社员卖钱,粪归集体肥田,由队长统一安排定期清粪。福根是队里最苦大仇深的社员,所以也被大队安排为小学的"贫协代表",也就是贫下中农进驻学校、改造学校的代表,所以跟钱老师很熟。福根知道钱老师刚下来插队就被安排做代课教师,对农村不了解,所以对钱老师很是关照,他用粪勺搅匀了粪水,告诉钱老师:"这样浇到田里,庄稼才会吃得均匀。"钱老师很虚心,跟着福根几个来回,往田里挑了几担粪,紧张的情绪没有了,就想在贫下中农面前表现一下,他看到粪缸表面浮着一层细密的气泡,讨好地对富根说,"我来做个'西洋景'给你看看",他伸手向福根要过火柴,关照福根往后退一点。福根说干啥? 疑惑地后退一步。

"哧",只见钱老师划着了火柴,身子探前,把火柴往粪缸里一丢,"蓬!"随着一声闷响,气泡燃起了蓝色的火焰。福根惊呆了,干了大半辈子这挑粪活,还是第一次看到这样的稀罕,"这……"他瞪大了眼。

"这叫沼气,可以燃烧的,将来……"看福根惊骇,钱老师得意地想做贫下中农的启蒙老师,哪想福根茅塞顿开,一拍脑袋说:"噢——我明白了,怪不得广播喇叭里天天在说'朝气蓬勃'呢。"

几天后,这个故事广为流传,每当清粪,沼气的"蓬勃"之声在村子里此起彼伏。

二、发泡味精

　　每年麦收前的一段日子,是最难熬的。陈粮差不多吃完了,新麦还没有成熟。田里看过去黄灿灿一片,可麦粒还是一包浆,真正的青黄不接。为了节省粮食,社员们就各显神通,当然也无非是以糠菜来欺骗自己的肚皮,比较消极的做法就是趁下雨天队里不出工,全家躺在床上不起来,以最大限度地减少体力消耗,一天只吃一顿粥。

　　熬过十天半月,麦子就收上来了,于是村里欢笑声一片。摇面机前总有人大汗淋漓地猛摇那硕大的飞轮,黄黄的面条在面刀上"丝丝"地挂下来;大队的粮食加工厂里碾米机也轰轰转起来了,光滑的麦片带着新粮的生涩香味"哗哗"地往外喷。社员的饭碗里都是麦的身影:麦片饭、麦片粥、面条、面糊、面疙瘩。更普遍的是买包发酵粉,自己蒸馒头。粮食稍宽余一点的人家就奢侈起来,烙上几张喷香的麦饼——尽管躲在家里偷偷地吃,但四散的香味透过了有洞的墙壁,还是会引起邻居的口水和白眼……

　　大约是 1970 年的麦收时节,恰遇连绵阴雨,麦子收上场却无法晒干,不几天就开始发霉了。发霉的麦子胖胖的,泛着红色,社员叫它"红头胀"。虽然几天后太阳出来了,但大势已去,社员分得的麦子都不同程度地变质了,稍好一点的要交公粮。

吃变质麦子磨的粉,村里就有了一大新景观:几个人端碗在一起吃饭,开始好好的,几口下去,突然就有人要呕吐,赶紧往家跑。刚刚还在笑着别人,没想到笑声还没落,自己也不行了……吐过了,吐够了,还得接着吃。

阿良吃面条吐了两次,怕了。他娘要骗他吃,就给他碗里放了点味精,阿良的食欲好多了。但味精是高级奢侈品,平时他娘控制得极严,小小一包,剪个鱼眼大的口,炒菜是决不放的,要冲个酱油汤,他娘才捏起小包,轻轻抖几下,用完就藏起来。

这天阿良娘被队里派到隔壁的大队去收秧苗,不回家吃饭,阿良自己做饭。这个机会岂肯放过?阿良做好面条,安顿好弟弟妹妹吃饭,就拿条板凳,在高高的橱顶找出梦寐以求的味精,阿良深吸一口气,算是给自己壮胆,狠狠地往碗里抖了几下。看着那神奇的白色粉末渐渐沥沥撒到面条碗里,阿良心里有一种前所未有的激动。阿良藏好味精,端起那青边老海碗,带着满意的笑容跑出来,他要好好享受一番同伴们艳羡的眼神,他大声地问和他一样端着碗的伙伴:"你们猜,我的面里放了什么?"

一个伙伴看到阿良的面碗里在冒泡泡,就摇摇头:猜不到,别人也说猜不到。"嘿嘿,告诉你们吧,是味精!"阿良很得意这样的效果。

"味精怎么会冒泡泡? 不会是错放了发酵粉吧?"伙伴们都有做饭的经验,脑子活络的就提醒他。"你那个小包包上的字是红色的还是蓝色的?"伙伴很有经验地问阿良。"红色的。"阿良老实回答。"呵呵,你快回去看吧。"大家幸灾乐祸起来。

阿良赶紧跑回家,垫起凳子一看,小包上果然印着三个红色的字:发酵粉。

三、猪郎来了

"猪郎"这个词,在江南人眼里很不雅,专用来骂不规矩的男人,极恶毒。抛开词语的引申义,猪郎不就是公猪嘛!农村要大力发展养猪事业,猪郎功不可没。

猪郎在二十世纪六十年代初期,是被列为"大型农业生产资料"的,只有集体才可以饲养。其实,由于猪郎只有消耗、没有产出,社员也没有人愿意养的——除非靠它进行商业化经营,可是当时不允许。并且,经济实力小的生产队也养不起,所以一个大队只有两三只猪郎。

猪郎体格彪悍、精力旺盛、性子暴烈。当然,在主人手里,猪郎很听话,猪郎都是被主人驱赶着"上门服务"的。赶猪郎挺简单,只要一根小树条或细竹棍。炎热的夏天,再扛一把粪勺——畜生跑累了,在沟渠里舀水给它冲凉。由于养得少,所以猪郎的活动范围很大,整天东跑西颠的。在那个时代,猪郎左顾右盼、春风得意地跑,主人肩扛粪勺、手捏树条急急地赶,这是乡间田埂上常见的情形。当然人们关注的是猪而不是人,体型高大的猪郎跑起来震得田埂咚咚地响,引起路人一串赞叹,于是,赶猪人也借光春风得意起来……

老宝生家的母猪已经"起"了三天了,猪圈里被它拱得天翻地覆,拴它的绳子被挣断了两次。老宝生说"要去叫猪郎了"。按经验,这天必须给它配种。一早,老宝生就到三里外的柳巷去叫猪郎,其实是要叫阿七。阿七是柳巷生产队的饲养员,他养的那头猪郎是方圆十里最大的,而且据说它配过种的母猪,产量高。传闻最多的一胎生了二十一只,同类迎面碰到它都缩头缩脑不敢正视!

阿七的猪郎很忙,老宝生等了一整天都没来。天快黑了,正心焦呢,忽听小孩在喊:"啊,猪郎来了!"果然,只听见"咚咚"的脚步声夹杂着窟通窟通的路石响动声,而且越来越响。老宝生急忙跑出去,果然是猪郎。那家伙口嚼着白沫一路跑来,踏得地上的石板此起彼伏……阿七喊"来了——",老宝生也说来了!

给阿七敬过烟,老宝生匆匆叫几个人把母猪拉出来,稻草垛是早就捆好了。

生产队难得有热闹事,又是天黑收工时,因而,尽管劳累一天的社员们对这出"戏文"的情节烂熟于心,但看戏的还是热热闹闹,围着猪郎评头论足。小孩尤其来劲,不时去拍一下猪郎山墙一样厚实的屁股,又迅疾逃开。大家都是一个愿望,就是等着猪郎快快开展工作。然而,叫阿七难堪,也叫老宝生和大家意想不到的是,那畜生竟然围着母猪转了三圈却心有余而力不足,待在一边直哼哼。阿七急了,想教训它几下,却被老宝生阻止。老宝生希望优生优育:"它赶了一天,累了,明天再来吧。"阿七看一眼猪郎,猪郎惭愧地闪在一边,脑袋耷拉着。阿七无奈,只有答应。围观者很是失望,纷纷叹息:不来(事)了,不来了。正准备散场,哪想到,十岁的阿祥小子关键时刻突然跳出来,只见他高高捋起衣袖,向前大跨一步,对猪郎一拍屁股,大喝一声:"你不来,我来!"

众人一哄而散。

这个故事现在想起,不是因为沾那么点"颜色",实在是那时农村生产力的状态令人感慨。现在在江浙欠发达的农村,还可以看到猪郎,不过那是高高地站在三轮摩托车上,尽管关在笼子里,也还是威风凛凛的。而主人却猥琐地埋头开车,一门心思地奔他的钱路。

猪郎来了

张建清 生云1

阶档案散文集插图云製

阿七的猪郎很怕老寶生等了一天都没来天快黑了一直烦呢忽听门後在喊猪郎来了⋯⋯

四、酒鬼阿林

　　阿林嗜酒有年头了,生产队里年纪轻一点的人,从懂事起就看到他一天到晚红红的脸,脸皮的皱褶里总嵌着黑垢,几根汗毛或许是被酒精腌渍的,黄巴巴的没精神。在旁人眼里,阿林的神情一直是恍恍惚惚的,虽然眼睛永远是大大地瞪着,可总是迷茫着好像不看什么东西,只有见到了酒瓶子或可以下酒的东西,才会放出光来。

　　其实阿林喝酒是不在乎下酒菜的,醉翁之意只在酒,只要有酒,这个世界就有了乐趣。阿林的下酒菜很简单——只要有咸味的即可,实在找不到,就拈一颗粗盐舔舔。

　　阿林除了下地,手里似乎总捏着一个"手榴弹",那是一个装二两半白酒的瓶子,是本地的粮食白酒,一毛钱一瓶。因为便宜,男人都喜欢,便给它这么个爱称。不过阿林捏的手榴弹是个"弹壳",他要跑到村东头的小店里。阿林把瓶子往盐缸的木盖子上一蹾,售货员就一手接过去,插上漏斗,一手操起"酒端",斜斜地往酒瓮里一探,提起来:半"端子",正好灌一瓶。在店堂里喝酒,本来是用不着带个瓶子的,跟售货员要个小碗,打在碗里喝,可阿林不放心售货员给的分量,拿个空瓶做衡量器,免得争执起来口说无凭。售货员心里有数,却从不跟他计较。因为是散装酒,成色不如瓶装,一瓶才五分,阿林一喝就是两瓶。

阿林递过一毛酒钱,身边再无分毫,就在盐缸里拈一块指甲大的粗盐,舔一舔,开始喝第一口酒。这样的喝法标志着他这几天已极度困窘,本来是要花一分钱买一块酱萝卜干的。要是哪天早晨上街卖过一回菜,他还会从上衣的某个补丁里挖出搓得紧紧的一截小纸棍,细细展开了,是一毛钱,再从裤兜里掏出被手汗腌渍得稀软的一两粮票:"给一个麻饼。"这时的阿林俨然一个大主顾。"可以买两个呢。"售货员告诉他。阿林不屑地说:"你要我撑死啊?!'猢狲不留隔夜食'。"售货员就留下一个,等他明天来消费。

阿林接过一个麻饼,先舔掉饼子上的芝麻,再慢慢吃饼,喝酒。像过节一样,把酒喝出声来。来买针线的妇女见了,鼻子"嗤"的一声,嘴里咕囔着,那都是奚落阿林的意思。

阿林的运气总是不好,往往他今天在店里"窝藏"一个饼,明天他老婆就来"起赃"了,还把他骂得贼一样团团转。老婆骂一次,阿林可以识相三四天,但馋急了,就犯规。家里的蔬菜、鸡鸭,甚至老婆塞在墙缝里打算给小孩换糖吃或换针线的鸡黄皮都是他换酒的物资。

一天,生产队不出工,阿林想上街。刚走出家门,他老婆就莫名其妙地大骂着追上来,一把扯住他的衣襟。他十一岁的小儿子建平也不知从哪里钻出来,抱住他的大腿。"你这个杀千刀的,你叫我们全家都不要活了?"他老婆撕开阿林的上衣,一只半大的兔子变戏法似的亮相了……阿林喝酒,喝的是苦酒,而且也是十天半月才捞到喝一回,可还是成了众矢之的,老婆咒骂他,队长教育他,社员奚落他。原因只有一个,就是败家!工作队来了,阿林虽然不是干部,与他们的"工作"对象不搭界,可带队的中学的施老师还是要管教他,开他的批斗会,给他编了顺口溜贴在他家墙上:"阿林阿林,老酒要紧。有了老酒,就会来劲。要吃老酒,动尽脑筋……"顺口溜传得一个大队妇孺皆知,阿林抬不起头来了,喝酒像做贼一样。

不过,阿林也有冠冕堂皇且场面奢侈的喝酒时候,那是生产队里干定额工的日子。定额工都是个人可以单独完成的工种,夏天有"斫岸脚",冬天有开暗沟。"斫岸脚"是个轻松的活,就是把田埂上的草割干净,这个活是养病活,男人干这个活简直是混工分,但生产队农闲时节也要让大家轻松轻松。一人一条田埂,包好了干,别人都开开心心、手脚轻健的,阿林却不行。一个人干活,没了说话的伴,没了别人的竞争,阿林会上酒瘾,会犯困。为了撑住眼皮——这是阿林对老婆陈述的最过硬的理由,"撑住眼皮"就是提神,阿林就很奢侈地到小店打上一斤散装的"乙种大曲",找出三个空瓶子,每个瓶里灌一点。阿林把三个酒瓶装到篮子里,提着篮子去斫岸脚了。到了田埂上,阿林目测距离,一条田埂一百米长,阿林一分为三,在分界点各摆好一个酒瓶,最后一个自然是摆在田埂尽头。摆好酒瓶,阿林回到起始一头,"嚓嚓嚓"有力地挥起了镰刀,在他身后是溜光的田岸,在他眼前是被太阳晒得发亮的酒瓶。三分之一割完,阿林理直气壮地拎起酒瓶,对上嘴,仰头喝完,得意地伸一伸懒腰,环首四顾,看别人在不在关注他,然后舔干嘴唇,蹲下身体,继续劳作。他老婆远远看见了,会大骂一声"死畜生,不灌夜壶水要死啊?"骂得远处的人都听到。

三秋大忙开暗沟,那是个苦活,非强壮劳力不行,所以工分也高。干这活阿林自然如法炮制,不过老婆体贴他,给他在衣服口袋里装几块新腌的萝卜干。阿林笑得眯起了眼,脸上的皱褶更深了。

阿林还有更走运的时候。那天他家丢了只乌骨鸡,那是他老婆从娘家带来的稀罕物,一共两只,指望养好了换两个孩子的学费。那两只鸡通身纯白的细毛,黑嘴、黑脚、黑鸡冠,村里人没见过,都当动物园里的动物来看,走到哪儿都有人留意,不容易丢掉。可全家人找到天黑,还是影迹全无,想来被什么野物吃掉了,气咻咻地作罢。炳良凑过来,告诉阿林一会到他家去喝酒。炳良是小年轻,平时也好喝几口,酒量在村里有点名气。难得有人"器重"阿林,他自然好不喜欢。阿林不愿白喝人家酒,到自留地里割了把大蒜算添个菜。

炳良还叫了三个小兄弟,见阿林捏个酒瓶进来,没好气地说:"我这里是小店啊?"阿林一脸尴尬:"呵呵,习惯了。"坐下喝酒。

炳良说:"阿林,今晚的酒,喝了不要声张,我们是看得起你前辈,请你来有福同享。"说完一挥手:"上菜吧。"炳良妻子端上来一个热气腾腾的砂锅:沸腾的清汤里卧一只煮得稀烂的鸡,黑嘴、黑脚、黑鸡冠,浑身黑。"乌骨鸡? 我家的乌骨鸡?!"阿林眼睛瞪得更大了,"嘿嘿嘿……"众人会心地微笑。阿林用眼睛盯着炳良,忽然两手一伸,一用劲,撕下一条鸡腿来,先咬一大口,再端起酒碗,含混地喊:"喝!"

酒干菜尽,阿林起身回家,炳良送出门外,说声"走好",阿林说"好好,你回吧",炳良转身,却听"砰"的一声碎响,回头,却是阿林摔碎了"手榴弹",在跟跟跄跄往家走。炳良说"这么点就醉了?"

第二天,阿林对老婆说要戒酒了,老婆叫他去对着后门外的清水茅坑发誓。农村人不相信别人发的誓,都会拿清水茅坑来讽刺。阿林说:"我真的戒,我……我真的戒。"

阿林后来还真的戒了酒。

五、"多瑙河之波"

阿强告诉我一个好消息：他爸今天回来了。

阿强的爸是县电影队的放映员，是我们心目中的"英雄"。他乘着白色的汽艇全县到处跑，难得回家，要是白天回来，一定是街上轮到放电影了。他们都是三十五毫米的宽银幕电影机，用大大的架子撑着，气派得很。一来就是两台，放起电影来看不出换片。不像有时转到村里来的八毫米小机，要向人家借个八仙桌才能架起来。遇上新手放映员，换个片子要半天。晚饭吃的是泡饭，男人们憋不住，老往场外跑，尿得场子周围像开了条河。

中午放了学，我特意到菜场边的盈科桥堍下去侦察了一下，果然那艘白色的汽艇神气活现地停在码头上了。在驾驶台最醒目处有两行红字，上面是"为人民服务"，下面是"放映船"。我还侦察清楚了电影的名字是《多瑙河之波》，外国的。呵，好久没看外国片了。

一回到学校我就邀请小东这个星期天到我家来砍甜芦粟吃，小东当然明白我的用意，不过他为了我那青皮绿肉的甜脆的甜芦粟果然答应我到他家躲半天。小东的家在街上戏馆场的北边，走出大门就是戏馆场，电影就在他家门口放。下午上完两节正课，我们就偷偷地溜了。

跑进街上,还好,文化站的人还没开始清场,各弄口畅通无阻。我很顺利地在小东家躲过了清场,白看电影终于梦想成真。

天黑下来,电影就开始了。尽管在这之前下了一场阵雨,但因为是外国新片,戏馆场上还是被挤得水泄不通,想上厕所几乎不可能。我倒是捷足先登,在北弄口的公厕前找个位置站定。小东要借给我凳子的,我怕没大人在旁边,会挤丢了,没敢要。

电影开始了,外国人开始阴阳怪气地说话。有人惊叹外国人的普通话说得比我们好,马上就有人斥责:"你以为人家资本主义有多好?这些人都是在全国选出来的,会说中国话的也就这几个人。为什么外国电影里男人的面孔都差不多,而且都是高鼻子,明白了吧?""噢——你这一说我觉得还真有道理。"我听两人正议论得有滋有味,忽然,只听得啪啪的几声爆裂声,人群立刻哄闹起来,接着是骚动了,人潮势不可挡地涌动。外国人说什么都听不到了,马上银幕上一片漆黑。

出事了!

我被人群挤着架空起来,浑身疼痛,像旋涡里的树叶,在人潮里荡来荡去。脑子昏昏然,只知道危险就在眼前……忽然我的背靠上了厕所的墙壁,虽然脚还腾空,可我知道安全了。在我面前,一个胖胖的妇女被挤倒在地,杂乱的脚在她身上踩过去,有人大喊:"不要挤了!再挤这个'鱼肚泡泡'要破了。"我认识这妇人,是照相馆拍照的朱师傅的老婆,镇上唯一的胖女人,绰号特多。喊声没人听见,即使听见了也毫无意义,没有人能在如此强大的骚动面前站住脚步,依然有许多的脚在她身上踩过,胖女人"呜呜哇哇"地呻吟。又有人在叫:"我看到了,电线啪啪地冒火,我以为是原子弹爆炸呢。"他的话马上引来了反驳:"混蛋,原子弹来炸你?那可能是电线接头掉到场上的水洼里,短路了。"于是我猜出了出事的大概原因。

人潮终于过去了,我双脚一落地就拼命地往回家的路上跑,不一会儿,就遇到了同村的几个伙伴。阿祥扛着只有两条腿的长凳,还在激昂地述说挤断两条凳子腿的那一刻。彩娣只是嘤嘤地哭,她的塑料拖鞋只有一只了。她家是我们生产队最穷的人家,丢掉一只拖鞋可不是一件小事。阿国也从后面赶上来了,知道了原委,安慰她:"不要紧,我捡到了一只呢,让你配个对,你妈不会骂了。"彩娣感激地接过拖鞋却大叫起来:"这就是我掉的呀,你看搭襻上的这一块是我父亲昨天烫上去的。"彩娣破涕为笑。

第二天,小东告诉我,他们家昨晚捡到了各种拖鞋四十一只,破凳子九条,凳腿一笆斗。好多年以后,说起当年看这场电影的经历,人家告诉我一个奇特的故事。

东街头一个女子,本来和丈夫坐在长凳上美美地看电影,骚动一开始就把他们的长凳挤倒了,两人顾不得凳子,拉起手就往外挤。女人跑在前面,外衣挤掉三个扣子,还好一直抓着丈夫的手。历尽千难万险跑到家门口,刚想喘一口气,那女的却"哇"地惊叫起来,双手捂脸,无地自容,原来那男人不是自己丈夫。

六、投机倒把

　　正是严冬时节,鸡已经叫过两遍了,娘又来催阿清起床。十一二岁的小孩,正是睡的年龄,娘拍了几次不醒,只得把他拉了坐起来。阿清依然闭着眼,脑袋耷拉着睡。娘给他穿好几层衣服,又把他拉下床来穿裤子,双脚站到了冰冷的泥地,阿清醒了。"啊,妈,鸡叫了几遍了?"他揉揉眼。"两遍了,"娘说。"不早了。"阿清赶紧自己穿鞋,又在水缸里舀了一铜勺冷水,从热水瓶里掺点热水,擦过了脸。担子是昨晚临睡前就准备好的,两只小笆斗都盖着破棉絮,用络子络好了,一根短扁担,阿清一挑,试试肩,不高不低,正好。娘拉开门,柔声嘱咐:"走好啊,小心缺口。"阿清点点头,迈出门槛,人和担子摇摇摆摆地消失在门外的黑暗里……

　　阿清做这小买卖的活已有三个年头,以往自留地里吃不了的蔬菜都是他挑到街上去卖,很老练了,一杆秤拿得稳稳地。顾客看着他是个小孩,知道比大人老实,都愿意先买他的。生意做得多了,阿清积累了经验,十斤以下的东西,只要手一拎,轻轻匀一匀气,就能报出分量来,误差不超过一两。阿清说做生意别的不怕,就怕在摊位前看到老师或同学。要是看到他们远远过来,就背对着自己的摊子,佯看别处,有人来买东西也假装听不见。

　　叫娘最得意的一次是四年级的那个暑假，阿清和他哥搭着队里到城里运氨水的便船，到城里去卖毛豆，还捎带了一篮子糯玉米。那玉米是零零星星种在自家自留地田埂边的，家里几个孩子自己种自己管，成熟了孩子自己当零食。那年种得好，每株都有好几个鼓囊囊的穗，掰开皮看看，籽粒排得满满的。长得这么好的玉米，自己反而舍不得吃，兄弟俩执意要带到无锡城里去卖。他们知道城里孩子稀罕熟玉米，叫它"珍珠米"。

　　船停在三里桥，哪知这次他们的运气不太好，喊了大半天"珍珠米"，只卖出几个。正值夏天，"珍珠米"在家里就煮熟了，船摇到城里花了大半天，当天没卖出，又隔一晚，第二天就馊了。一早起来兄弟俩围着一篮子玉米发呆。拣一个闻闻：馊的，再拣一个还是一股"酸泡气"，兄弟俩心疼得要哭了。阿清忽然灵机一动，提个大镬子，跑到岸上的老虎灶打了两分钱开水，把玉米放到开水里泡一会，再一个一个搓洗一遍，闻闻：行了。

　　一篮玉米，一个早晨全卖光。

　　叫孩子干这"勾当"真是万不得已，大人要起早摸黑上工，不许上街。偷偷去，生产队长不说什么，可大队干部要不高兴，就可以定你个"搞资本主义""投机倒把"，游村批斗也说不定。何况今天卖的这东西……娘心里很不安定，这可不是以往的买卖。

　　天上寒星闪烁，路上冻得溜光。路边枯草披着一层厚厚的霜，泛着幽暗的白色，在黑暗里隐约就看清路了。阿清的鞋底，已被皮匠钉了橡胶的掌子，这一冻，硬硬的，走起来有点打滑。阿清小心且熟练地赶路，村里到街上一路一百零七个缺口，他记得清清楚楚，小的要跨，大的要跳，他一个一个数着，不知不觉玉祁街就到了。

　　天冷，人起得晚，顾客少，做生意的也还不多。他在一盏路灯下摆好自己的摊子：一个笆斗敞开，摆在自己面前；另一个笆斗盖严，放在身后。阿清今天卖的是鸡蛋，他把敞开的一笆斗鸡蛋理一理。平时是挑大的放在上面,叫"做面账",今天却是把颜色、大小相近的放在上面,让内行人看出来是固定的几只鸡下的。阿清心里有鬼,这鸡蛋不是自家的鸡下的,而是在城里菜场工作的姨妈用粮票偷偷换的,好不容易积这么多。姨妈顾怜乡下妹妹一家人口多,年年要欠生产队的口粮钱。这次正好有机会攒下这点鸡蛋,让这一家卖了弄个过年的开销。这几年乡下不许养鸡,菜场里鸡蛋反而比城里贵。

贩卖鸡蛋,而且还是姨妈用粮票换的,这可是真正的投机倒把啊!要是被"红袖套"抓住了,没收不说,还要挨批斗,更连累姨妈。一想到这,阿清心里就发紧,身子越发冷了。

鸡早叫过三遍了,天一会就亮,起早的顾客三三两两地来了,阿清再埋头调整一下"面账"。"鸡蛋多少钱一个?"一个很粗的声音问,说话间一双穿着翻毛皮靴的脚走到了跟前。"一角七,"阿清脱口而出,他知道这个价太高,但这是开市第一笔生意,试探一下,不指望做得成。真正的价格须讨价还价几个来回,才会定下来,这还要看今天市场里到底有多少鸡蛋在卖。阿清等他还价。"啊?你人小心黑,卖这么高的价,投机倒把啊!"粗嗓门狠毒地怒喝起来,阿清浑身一激灵,顺着翻毛皮鞋的脚抬眼往上看:黑魃魃的一个胖大汉,光头、满脸横肉,左臂一个红袖套。啊,"鲁智深"!

阿清吓呆了。

管理这个市场的是两个城里回来的"劳保工人",一瘦一胖。这两人吃着国家给的高工资,对"资本主义"满腹仇恨,眼睛老是盯着人家的菜篮子,自己觉得可疑的东西就盘根问底。在上街做点小买卖的社员眼里,两人"都不是东西",没有人会给他们好脸色。因为生产队里来的人不知道他们"街上人"的名字,就起个绰号,叫瘦的"青面绿壳鬼",胖的叫"鲁智深"——在那个时代,古代人都不是好东西。

"鲁智深"一把抓住阿清的衣领:"一点点大的小孩就会搞投机倒把,还了得,走,到'打把办'(打击投机倒把办公室)去。"今天闯大祸了!阿清脑门嗡地一下,浑身颤抖起来……

　　同一个大队的人在街上看到这一幕,认得这小孩是谁家的孩子,跑回家告诉了阿清的父亲,阿清父亲是个生产队长,大小也认得几个人,托了大队干部跟"打把办"负责人打招呼,念在孩子还小,放了出来。万幸的是"打把办"没追究鸡蛋的来历,所以就没有予以没收,而是按照国家收购价收购了——免得你再去投机倒把。

　　阿清一家这次生意反而贴进去几块钱。

七、西瓜、西瓜

　　生产队的每一块地,都不是社员可以随意种植的,种什么必须由公社或大队来规定。这主要不是农业技术问题,而是干社会主义还是搞资本主义的政治大问题。一般是水田种稻麦,旱地栽桑树,在桑田里套种猪饲料。瓜果,那是经济作物,容易滋生资本主义,所以严格控制。在我印象中很多年才种一次,也要经大队干部点过苗数,决不可多种。好像生怕社员们忘记:这田里还可以种瓜。

　　童年的我们对瓜的渴望是强烈的。每当队里种瓜的年份,我们都会尽量地靠近瓜田,看一眼白白胖胖的香瓜和有一道道花纹的西瓜。看瓜的社员知道我们的企图,往往不等靠近,骂声就过来了,我们只能远远地眺望。那藤蔓茂密的瓜田,承载了我们多少甜蜜的幻想! 要是一阵热风从那边吹来,往我们鼻子里灌进沁人心脾的甜甜的瓜香,那简直会使我们立即联想到实现共产主义的必要。

　　不过,要是邻近的生产队种了瓜,我们就不会这么安分守己了。中午游泳、晚上纳凉都是我们偷袭的最好时机。趁着看瓜人打盹的当口,我们一个小分队悄悄下河了。当然,岸上必有一个哨兵,时刻准备"咳嗽"。在正式行动之前,我们早已把瓜田周围的地形地貌、沟沟岔岔以及看瓜人的活动规律侦查得一清二楚。在远离看瓜棚的地方爬上对岸，溜进瓜田，看准一个，扯了就逃。先是一小声"扑通"——瓜扔进河里，紧接着一大声"扑通"——偷瓜人也跳进了河里。偷袭成功了。看瓜人或许正在瓜棚里睡午觉，连我们的人影都没发现。即使发现了，最多也是远远骂几声——隔得这么远，骂什么我们未必听得清呢，他也不会追。

晚上的行动是盲目的，只能凭手感摸，所以有句俗话：半夜偷瓜拣软的捏。这样的行动往往不得要领，最后胡乱拉个生瓜了事。有一次建丰却连藤扯了一串，小的才拳头大，看了心疼。他是第一次参加活动，好奇又立功心切。被大家好一顿骂，取消了他"小分队员"的资格。

这种勾当说起来刺激，但其实也只是偶尔为之，要是"屡犯边境"，看瓜人不找上门来问大人才怪呢。辛辛苦苦搞来的瓜，一个瓜几人"瓜分"，解什么馋?! 还那么担惊受怕的。唉，什么时候可以大大方方地吃一个瓜呢?

这一年大队在临近前洲人民公社的东南角上，划出一百多亩旱地，建了个"大桑园"。"大桑园"是个新名词，老年人也是第一次听说，有的耳朵不好又不识字，搞不清楚，想当然地和农业学大寨联系起来，误称"大寨里"——方言里"寨"和"桑"是近音。"大桑园"顾名思义是种桑养蚕的场所，其实种桑只是个喊得响的幌子，更多的是种瓜、养猪、养鱼。当时的无锡农村，尤其是无锡西部的农村，社队办工业已经形成规模，为了拓宽原材料供应和产品销售渠道，迫切需要加强与城市的交往。要交往就不能空口说白话，就要有物资保障，农村的物资就是鸡鸭鱼肉、瓜果蔬菜。我们大队为了大队办的五金厂、磷肥厂的业务交际需要，种了几十亩西瓜。西瓜成熟的那一阵子，天天有板车拉着经过我们队西头的小路，运到五金厂或磷肥厂里去——最后落实到街上或城里哪个关系户的嘴里。有一次装得太满，摔了一个，"苏蜜一号"黑得发亮的外表，薄皮红瓤、黑黑的瓜子，瓜瓤碎满地，清香溢四方，看得人眼睛发直,拉车人不屑地说:"你们谁要捡了吃？我们不在乎,天天有得吃。"众人七手八脚捡了,沾了土的去河里洗一下,塞到嘴里也是好甜的滋味。

"我总要想办法什么时候也吃它一个。"阿祥咂巴着碎瓜的余味,自言自语道,我们都说他癫蛤蟆想吃天鹅肉。没想到机会却真的来了。

阿祥的爹在"大桑园"工作,是个小干部,这天临时轮到看瓜。估计是和父亲达成了默契,阿祥找了最要好的阿清,说:"我们两个人去。"吃过午饭,趁着大人小孩都在午睡的空当,俩人各挎只大草篮,捏把镰刀,以割草为掩护,向两里路外的大桑园进发。仗着岸边高高的芦竹的掩护,加上有内线照应这个底气,很顺利就潜进了瓜田。啊,真是阿里巴巴进了宝库啊,平日里朝思暮想、望眼欲穿的西瓜,那么大的西瓜就在身边,俩人喜欢得手忙脚乱。"苏蜜一号"黑黑的皮上有一层淡淡的白霜,轻轻一拍就"嚓"的一声裂了,那美妙的瓜瓤暴露无遗。中午的阳光晒得西瓜滚烫,他们却觉得那么幸福,一个干掉了,两人相视一笑:不过瘾,再来一个。

两个西瓜下肚,阿清说行了,阿祥也吃不下了,可怀着大吃一饱的雄心跑来,才吃两个,有点不死心,又打开一个。每人挖了一块芯,勉强咽下去,其余的再也吃不下了,就把瓜瓤挤挤汁,洗了洗手,想站起来就走。哪想到两人为了不暴露目标,都是躺在地上吃的,肚皮撑得太饱,站不起来了。肚子里像撑了块大石头,一动就痛。阿祥以为吃出毛病来了,吓得要哭,阿清说哭也没用,不会是中了毒吧,我们就躺着,撒了尿就好了。

两人只得脱掉裤子,躺在瓜田的草丛里,大气不敢出,任由"细水长流"……身子下的土湿了就挪动一下,到干处再尿。烈日下的瓜田里蒸腾着一股汗湿的青草气息,这在平时他们会特别喜欢,只有在青草茂密处才会有这样的气息。可是现在,躺在瓜田的草丛里也不敢割,篮子满了就更不好跑,好不心焦啊。终于等到太阳偏西,肚子松了好多。"差不多了,"两人试着可以站起来了,便想穿上裤子回家,却怎么也找不见裤子。奇怪,才挪过没多少地方,怎么会找不见裤子了呢?"裤子呢? 裤子呢?"两人紧张起来。

"小赤佬,胆子不小,裤子在我这里呢。"似一声焦雷炸在两人头顶,大桑园负责人焕泉不知从哪里冒出来,手里拎着两条裤子:"跟我走吧,到我办公室里去。"焕泉命令道。

八、贫农代表

贫农代表,顾名思义应该是最穷的人。我们生产队里没有雇农,施三子便是村里最穷的人。施三子应该有名字,可记工簿上一直是"施三子",就没有人去考证他到底有没有名字了。施三子是外来户,老家在苏北,他父亲驾着一条小船,载了一家老小漂过长江,进了内河后随波逐流,慢慢漂泊到了这里。

施家无房无地,靠一条破船给人家罱河泥养活一家子。慢慢地,在这里积累了人缘,投靠村里说得了话的,在村子边上觅块小小的荒地,搭了间茅草屋,就这样,父亲带着施三子就在江南扎根了。没有地,靠罱河泥和给人家打短工,生活还是很窘迫。到了施三子这一代,还是一无所有,好在新中国成立了。施三子却运气不好,结婚后一连生了三个,都是女的,他不甘心,一定要个男的,一直生到第八胎,终于尘埃落定,男孩出世。施三子说如果这一胎仍是丫头,他还要生,干脆生满十个,说不定老婆能当上"光荣妈妈",还可以到北京去见毛主席呢。想象是浪漫的,不吃他的饭。全家十张嘴却一天也离不开饭碗,夫妻俩拖着七女一男,住在那间村里唯一的草房里,货真价实地体现着贫农的身份。

施三子尽管父母亲早已过世,他也在村里生活了二十多年,七女一男也都在这里出生,但一家人都被打着深深的异乡人的烙印,大家习惯在他们的名字后面加个修饰词——江北人,有侮辱人的意思。以往的农村,几乎没有外来人口,要有就是北方灾荒年份流浪过来的叫花子,这里人叫"逃荒郎"。由于这些人都操北方口音,本地人说不清具体地方,只知道来自长江以北,所以都叫他们"江北人"。村子里来了逃荒的"江北人",家家户户都要关门下闩的,避之唯恐不及,任你哭求叫骂,就是不开门,否则,施舍一个,涌来一群,谁都招架不了。所以,"江北人"的称谓带有厌恶、蔑视的意思。

施三子被叫成"三子江北人",他老婆、他女儿、他儿子也无一例外,名字后面都有一个"江北人"的后缀,大家叫顺口了,不觉得有什么奇怪。三子家的穷不光表现在女儿的衣不蔽体上,更典型的是吃饭时人均还摊不到一只碗。家里大大小小一共不到十只碗,哪几个小孩动作慢了,盛饭就只能用蚌壳。要是罱河泥网到了鱼虾,饭桌上多了两三个菜,碗就用光了,小孩就只能全部用代用品。大河蚌施三子是常常可以在罱河泥的夹网捕到的,不过蚌壳的边缘很锋利,不小心就会划伤嘴唇。往往一顿饭下来,就会有两张小嘴挂彩。上学路上同学问怎么回事,她们的解释同学一开始还听不明白,心想人家再穷也不至于吃饭没碗啊。

冬天里的某一天,施三子的老婆彩珠忽然要向别人借五块钱,说要给六女儿菊花做身衣服,并许诺:三天准还。开始别人还不理解,他们家好像从来没正经请过裁缝,小孩的衣服都是拣别人的。今天不年不节的,怎么给女儿做起衣服来了? 到傍晚都明白了,施三子要卖掉菊花。卖小孩,这是这个生产队几十年里都没有过的事,这消息掺和在寒冷的空气里,笼罩得村子里冷凄凄的。大家都舍不得菊花,可谁也不去劝三子夫妻,谁能救得了他们的穷呢?

果然,菊花第二天没有上学。菊花很懂事,没有玩,把家里里里外外、墙角床底扫了个遍,扫出了三畚箕垃圾。下午还到滴水成冰的野地里去给兔子割草。放学了,她的几个要好的同学看到她孤零零地在桑田里割草,就凑上去想和她说说话,可又被一种恐怖的情绪震慑住了,不敢靠近她。看到她拖着鼻涕,冻得红肿的手笨拙地割着一棵棵小草,谁都说不出话来。

第二天一早,菊花的姨妈带着一个梳着髻子、装扮得俊俏的老太来了。村里不下田的老人小孩都远远地朝那间草屋看。不一会儿,那老太就牵着菊花的手从家里走出来,她姨妈跟在后面抹眼泪,菊花娘彩珠在屋里没有出来。施三子则早已随队里社员一起开早工下地干活了。那老太牵着菊花,走过屋旁的竹林,沿着那条通向街上的小路渐渐走远了。

后来大家都说是卖到了河南。

……

施三子忽然时来运转了。大队搞"贫下中农管理学校",要选择最穷、"最革命"的人当小学的"贫农代表"。书记兴洪就在这个村,施三子自然近水楼台。三子第一次到小学来给学生"忆苦思甜"是被民兵营长拉上台的,双腿直抖。他拿着一个熏得发黑的竹竿烟筒,往讲台上放,却不料放在桌子边上,掉到了地上,他也不敢捡。开始学生们还以为是批斗他呢,没想到坐定后他却真会说。讲他父亲带着一家到处流浪,最精彩的一句就是"夏天,船舱里热得像蒸笼"。事后学生都很感激他,有了这一句,作文就增色不少。施三子讲旧社会穷人吃不饱饭,卖儿卖女,眼眶里忽然有了泪花,打了好一会儿转,总算没掉下来。学生都感动了。

这年冬天,三子就享受到了"贫农代表"的特权:公社照顾他一件新棉袄:深蓝色的、崭新的粗纱布面子,软软的新棉花,买一件要几块钱吧?问题是有了钱还买不到。这件"照顾棉袄"令村里人眼红。三子心里有数,以后有事没事就往书记兴洪家的自留地跑,干这干那的。当然,书记家里他是绝不敢去的。这么一来,三子每年冬天就会有一件新棉袄了。他也奢侈了,穿到来年春天,已是满身污垢、棉花结球,老婆彩金也不洗洗、晒晒,干脆剪了或做了抹布了。施三子看起来是懒,却不知道这是他的小聪明：三子知道只要你继续穷着，集体就不会少了你的。你要是洗干净了来年再穿，干部看你有棉袄呢，就不给你照顾了。村里人说，这江北人，倒是年年穿新棉袄！

然而，好景不长，三子的新棉袄没穿几年，突然就没了，同时取消的还有他那"贫农代表"的光荣称号。兴洪说他觉悟太低，当不了代表。其实大家都知道，那是因为一次喝酒。

村里有人过世了，大家都去帮忙，三子只有给厨师烧火的份。三子很卖力，主家赏他好多酒。多少年遇到这么一回啊，他猛喝了一通，醉了。开始大哭，主家倒高兴，以为三子对死者有感情。但哭着哭着就骂开了，骂主家不让他坐席面。众人觉得不妥，把他架了回去。回了家三子更放肆，抱着场上的一棵楝树，号啕大哭，边哭边骂。骂乡邻、骂队长，最后骂兴洪光叫他干活：他一年干掉的活远超过一件新棉袄，还骂："我们饭都吃不饱，他却吃大鱼……"彩珠看他实在昏了头，关键时刻"大义灭亲"，一盆冷水从头浇到脚，后面的话他就冻得说不出来。但不久，风言风语还是传开了。

原来三子有皮肤病，久治不愈。不知从哪里觅得一秘方：要在大年夜的晚上，到河里去洗个澡，就好了。三子深信不疑，好不容易熬到大年夜，一个人做贼似的溜到刺骨的冰水里。反正这时大家都在吃年夜饭，绝不会有人。正洗着，哪想到兴洪的爱人拖着条杀好的大鱼来洗了。这年头吃饭都成问题呢，哪来大鱼啊！施三子的眼都直了。书记爱人却吓得不轻。三子忙说："我不说的，我不说的……"

施三子酒后吐真言，自然祸从口出。

九、麻花风波

在那个年代,孩子除了形形色色的体力劳动"节目""丰富多彩"以外,其他都是贫乏的,一年中难得吃到几颗一分钱的糖果。村里偶尔有货郎的锣声响起,那便是孩子们的幸福时刻。来的最多的货郎是"换糖佬"。

换糖佬都是挑两只篾编的大苗篮,一个放换得的杂物;另一个口上盖一块木板,板上是自制的饴糖饼。木板下面放两个铁箱:一个圆的,装糖饼;一个方的再分好多格,分别放橡皮筋、针线、发夹、玻璃弹子球之类。换糖佬一进村,破锣就响起来"哐哐哐""哐哐哐哐哐",这是老四。每个换糖佬敲锣的节奏都不一样,不用他吆喝,孩子们就分得清。要是哪一天敲出的是"当当当"的声音,那是新锣,来的一定是换糖新手,村里就欢呼雀跃了。新来的换糖佬要结人缘,一般在开张之前都要丢一回糖。左手一把铁刀往糖饼上一刻,右手一柄小小的铁锤对着刀背一敲,手指大的一块糖就下来了。换糖佬见人就丢,属于免费品尝。尝到甜头的大人小孩纷纷往家里跑,把积攒了十天半个月的破烂杂物拿出来,捧到换糖佬面前。换糖佬眼睛一瞅,双手配合,"哗啦"一声,把他认为等值的糖块就敲了下来。若东西值钱,就连敲几下,那就有一小堆糖了。换者要不满意,就说:"再敲一点,这么少。"换糖佬不言语,轻轻地敲一下——一块小糖就给你了。要是有人再起哄,他还会敲一下的,但这次更小。如是者三,不能超过三次,这是规矩。所以有俗话:换糖佬佬"三饶头"——后来被用来比喻讨价还价。

老四的锣最破,他的嗓门更破。喤喤喤一阵敲过,就嘶叫"鸡黄皮、破布头、老棉絮、肉骨头换糖吃",这是最早的喊法。几年以后又加上"破的塑料拖鞋、牙膏皮换糖吃",变成了两句。其实老四最想要的是破的塑料纸,但他不敢叫。塑料纸是生产队用来搭绿萍、水葫芦过冬暖棚用的,收废塑料纸有变相破坏生产的嫌疑,只能偷偷地交易。一个冬天过后,暖棚的塑料纸都已老化破损,在风里哗啦哗啦发出破碎的脆声。大人孩子"顺便路过",就偷偷地撕一块,藏在家里等老四来。好几个大棚的废塑料纸年年都是这样处理掉的,绝没有白色污染的顾虑,大家也心照不宣。有好一阵老四不知忙什么,没来,好多人家都攒多了。一天,老四终于来了,一下子收得太多,被大队书记兴洪正好撞见,大怒,叫民兵把老四抓到大队。没收、批斗。以后老四就不敢来了。

除了换糖佬,给孩子们带来欢乐的还有"爆炒米佬"。爆炒米佬进村几乎不用吆喝,先把机器支好,风箱连上那圆形的小火炉,拣一把柴火塞到炉子里,压上煤块,点火。噼啪噼啪风箱一阵拉,炉子里火苗便窜起来。不一会儿,那圆鼓鼓的爆炒米机器的肚子就丝丝地冒白气了。机器架在哪家场上,哪家就是第一个顾客,第一单生意一般是免费的。爆炒米佬放进米,加一撮糖精。机器摇了十分钟,放一会儿气。再摇一会,看看压力表,就把手柄压下去,叫机器肚子翘起来,再把它旋个身,将长长的麻编笼子拖过来,套住机器的口子,只让一个控制机器盖子开闭的把手露在上面。爆炒米佬一手按笼子,一手扳住机上的把手,左脚踩住机肚,夸张地大叫一声"响啦",紧接着就是砰的一声巨响,浓浓的蒸汽顷刻就淹没了四周的人物,白白的雾气里一片嗷嗷的欢叫。白雾散去,笼子里满是雪一样白的炒米花。爆炒米佬的广告就做成了。

爆炒米都是在秋冬季节,口粮都已分到社员家里,新米饭也都在家家的灶头上飘出了香味。这是一年中最叫人感到安顿的时节,爆炒米佬的上门,有小孩的家庭都是要应付一下的。米是自己的,爆一次收三分钱加工费。如果家里没有糖精,爆炒米佬有,爆一次就要五分钱。

夏天里,一般只有卖棒冰佬和吹笛卖芝麻糖的来。这年夏天,不知怎么回事,村里竟然来了个卖油炸麻花的老头。这可是破天荒的,老头挎只大大的篮子,装满黄灿灿的麻花,他尖尖的嗓子,吆喝起来很奇怪。奇怪的吆喝招来一群小孩。麻花炸得实在是好,个头均匀,颜色透亮,脆酥酥地冒着甜甜的香味。麻花都是在街上饭店里卖,也只有早晨才有,而且还要粮票。这老头不知是何方神仙,竟然自己炸麻花来卖,还不要粮票,只收钱。

孩子们都习惯了以物换物,谁都拿不出一毛钱,但又舍不得走,围着看。老头说:"看啊,尽管看,看看不要钱。先看看脆不脆,再闻闻香不香,不脆不香不要钱。"他拿出一根,递给阿五。阿五凑到鼻子上:"嗯——真香!"呆呆地看一会,摇摇头,失望地要还给老头,阿良说给我闻闻,一把就来抓。没想到阿五手一松,"啪!"麻花掉在地上,摔得粉碎。两个人大惊失色,老头也脸色一变,拣起碎麻花就往他们手里塞,要他们每人出五分钱买。两个人争辩得快要哭了,老头不依不饶,涨红了脸骂骂咧咧,最后竟然上纲上线了。老头骂道:"别人都喊'毛主席万岁万岁万万岁',你们倒好,把我的麻花'掼碎掼碎掼掼碎'。今天不赔,不会让你们回家,我要找你们大人去!"

老头在这边骂得脑门青筋直暴,不想背后一个炸雷响起"你好大胆,说反动话啊,竟敢污蔑毛主席?"紧要关头,"四眼"过来看热闹了。四眼是大人,他有文化,觉悟高,听到老头把麻花和毛主席联系在一起,怒不可遏,要去抓老头:"走,到大队里去!"老头一愣,眼睛直直地朝四眼一瞪,明白自己闯了大祸,脸色瞬时由红变白,顾不得碎麻花,抢过篮子,挣脱了四眼伸过来的大手就跟跟跄跄往村外逃。

孩子们也开始争抢战利品。

十、游水受罪

大运河在我们南边二十多里处流过，长江在我们北面，在离我们五十多里的地方，与大运河并行着向东流。这两条大河之间是一张硕大的密密的河网，每个生产队在这张网中，都有一条小河与外界相连。农民的生存，一是靠土地滋养，二是靠这条河的滋润。村里的人，尤其是男人，天生就和河有着血缘般的关系。幼儿学会了走路，不出两三年就会下河学游水，到六七岁，几乎个个都是浪里白条了。我们生产队的这条河没有名字，是一条河流的末梢，也可以说我们生产队是它的源头，所以很窄，最宽处才十几丈。河虽小，却是全村人与外界联系的主要通道，船出船进，保障着社员们生产和生活。而小河更是我们这些社员后代的乐园，游水、摇船、挖岸边的乌泥做枪，童年的一半乐趣在河里。

农谚云：六月六、猫狗溜冷浴。用无锡话念是很押韵的，"溜冷浴"就是下河游水。一到农历的六月，其实不用到六月，五月的中旬天就热了，热得小孩子都脱了衣裳，露出瘦骨嶙峋的胸脯和向日葵秸秆一样细的手臂，夸张地相互吹嘘着自己比别人更不怕大人的棍棒，然后打了赌，彼此制约着向河里跳。其实这时的河水还是有点冷的，只能强撑着游几个来回就上岸，不敢戏水。不过在水里谁都不会皱眉，一则是要显示自己的男子汉气概,而更重要的原因是只要今天的"首泳式"被大人认可了,明天要下河就是理所当然的事,大人绝不会阻挠。但只要谁说一声冷,大人知道了就会喝一声:"这么冷的水,你去寻死啊?歇儿天再去!"有的家长会吓唬孩子:"只有你们几个小孩在水里,水涝鬼(淹死鬼)要来扳脚的,等过几天大人下河了再去,水涝鬼就不敢来了。"

男孩子五六岁就要学游水。第一天由父亲或兄长带下河去,趴在大人背上游两个来回过过瘾,就到河边浅水处练"闷头游":吸一口气,把头埋在水里不顾一切地脚蹬手拍,水花四溅,像只受惊的鸭子。憋不住气了就收腿抬头,站稳了回头一看,呵,才游了一扁担长。不过,如此几天下来,就可以在河的最窄处游到对岸去了。这是胆大的孩子,胆大的孩子大人不用费心,自己游自己的水,只要不时远远地看一眼就成。胆小的孩子要给他一块木板,让他双手扶在木板上,身子浮在水里,由"教练"拖着慢慢游。这样的孩子往往要十几天才敢放开木板,然后练"闷头游"。

庆丰是伙伴中最胆小的,但这不能怪他,是遗传。他们这一家从他爷爷起就怕水,后代十几人没有一个会游水,人家在河里游得欢,他们在岸上看得馋。有的甚至再热也不去河里擦洗,免得人家笑话。家族中有胆子稍稍大点的,下了水也只是坐在河滩石上,只让肚子泡在水里,用毛巾慢慢擦身子。河里人作弄他,游过来说要拉他,吓得他赶紧往岸上跑。有时人家远远地一个猛子扎下,到他面前,突然露出水面来,他比见了水鬼还惊慌,人跑上去了,短裤却滑在水里,惹得大家哈哈笑。生产队要摇船出门,也没人愿和他们搭档。庆丰娘下了狠心要叫儿子学会游水。

阿清是孩子头,比庆丰大好几岁,平时庆丰最尊敬他。庆丰娘来求他,还授权于他说:"他要不肯学,你就往死里打,我不怪你。"阿清说:"你放心,总归叫他学会。"接受了光荣任务,他扛块门板拖了庆丰就向河边走。用门板学游水是最高待遇了,门板大,不会沉,但教的人会受累。庆丰站在河滩上,两手压了压门板,见有点晃,哇地叫了一声,撒腿就往岸上跑。阿清不让,拉到河里来,还给他做示范,叫他放心下水。庆丰死活不听,阿清没耐心了,拖过他就往门板上按,庆丰双脚离开了可以立足的河滩石,人漂在水里,更害怕了,用力推开门板,双手箍住阿清的脖子,两腿紧紧夹住阿清的肚子,死活不放,庆丰惊恐得嗷嗷大叫。阿清掰不开他的手,一狠心就往河对岸游,庆丰更恐惧了,绝望地大骂起来,什么难听骂什么。见阿清不理他,就大哭大喊:"啊——啊——啊——我要杀了你呀,我要杀你全家! 啊——你再不放我,我现在就杀你呀。"众人都笑不停,拼命地拍水。当庆丰骂到要杀阿清所有亲戚时,河对岸到了,阿清把他稳稳地放下来,叫他两只脚站到浅水的泥地上。

一着地,他就不顾一切想爬上岸去,岸太陡,就去拉垂到水边的小杨树。小杨树枝条上都是烈性的扁毛虫,我们叫扁刺毛,被它刺上半条手臂马上肿起来,剧痛、奇痒。阿清想阻止,哪有庆丰快! 庆丰一把抓去,立马又大哭起来:"啊——啊——狗日的扁刺毛啊,我痛死啦! 啊!"

阿清一半是生气,一半是可怜他,说:"好好好,我不管你了,带你过去。"庆丰乖乖地伏到阿清背上让往回带,也不哭闹,只是紧紧地勾着阿清的脖子。阿清说:"轻点呀,把我勒死啦。"庆丰不理,一回到河滩,抛开阿清就往岸上溜。

"逃哪儿去?!"没想到,岸上一声大喝,庆丰僵在那里:他娘握着一根棒槌拦住了去路。不等他反应过来,棒槌就啪啪地揍上来了,顷刻间,身上除了毛虫刺出来的肿块,又添几处红肿。原来,庆风娘一直在柴垛后面看着,她确实是下了狠心。"我不敢啦,我不敢啦。"庆丰大哭着只得往河里退,在嚎叫声中,继续受罪。

第二天,庆丰的两条手臂肿得亮亮的,他娘给他涂满了万金油,但没允许他"旷课",继续被阿清带到河里去,继续哭叫,而他娘照例毫不客气地拿棍子监督他。

后来几天,庆丰娘换了装备,扛一根晾衣服的长竹竿,躲在暗处。只要庆丰在河里一哭叫,她就会神兵天降,竹竿随着骂声劈头盖脸地向庆丰袭来……

这年夏天,因为有了庆丰学游水的节目,伙伴们的暑假就过得特别有趣,大家像看戏一样看他,他每天骂阿清的话和动作都被大家模仿得惟妙惟肖。

半个月以后,那欢腾的小河里,庆丰的骂声渐渐小了……庆丰终于学会了游泳。

阿清决心很大,还想教庆丰的弟弟庆松。庆丰娘当然感激,哪知庆松颤颤巍巍地被拉着走下河滩,双脚刚一沾水,马上条件反射似的返身朝岸上冲,又突破他娘的棒槌防线,一溜烟钻进了密密的桑树田,怎么也找不着。他在生产队饲养场的稻草堆里躲到天黑,出来时浑身被蚊子叮得鲜红。他娘暗暗抹泪,说:"这孩子逼他会出事,就算了。"

……

庆松虽然比哥哥幸运,逃过了那恐怖的游水训练,但在心理上烙下一个深深的印记,尽管他已年过三十,你要是在他背后冷不防一拍他的肩,说声:"游水!"他就会啊的一声,撒腿就跑。

苏东坡说"南方多没人,日与水居也",此话固然不错,但也有怕水如庆松的。

十一、喜宴悲剧

年年提"过革命化的春节"，这年有了新花样。

往年过革命化的春节，无非是年初一开门不许放鞭炮。不过，想放也没处买，全体社员出工干活，老人不做寿，小孩不收压岁钱。这年在原来婚事新办的基础上"更上一层楼"——提出了婚事简办，落实到具体行动上就是结婚办喜酒不能超过三桌。农村人聚族而居，亲眷都在周围，还要请隔壁邻舍，哪家有喜事不办个二三十桌是应付不了的。但公社革委会规定了：只能办三桌。春节这几天各大队民兵营长带着人满地转，遇到超标的，不但饭菜没收，主人还要被揪到大队批斗。隔壁大队有户人家就因为多办了三桌酒席，女主人挂着牌子，被民兵押着，自己敲锣游斗一个大队。每游到一个生产队，就哐哐地敲一阵锣，然后喊："大家注意了，我×××破坏公社规定，大办酒席、铺张浪费，破坏移风易俗，破坏'抓革命促生产'，大家不要学我的样。"喊的人低首垢面，涕泪纵横，声音似幽魂夜啸。这个村子里有亲戚或熟人，都远远就把门关好了，揪起了心不敢看。不相干的人也侧过了面目，不忍直视。有顽劣小孩跟在后面手舞足蹈，被大人看到了，大喝一声，一溜烟就往柴垛缝里钻。只有民兵在那里怒喝："叫响点，你也知道要面子啊?!"

　　裕成春节结婚，准备年初五办喜酒，抠紧算一算，光舅舅姨妈、叔伯姑夫这一辈叫齐就得五桌，这至亲是决不可不请的，还有新娘家的亲戚，无论怎么排都要超过八桌。裕成娘说："你姨妈几个就叫她们在灶间里吃吧，不坐八仙台不算一桌的吧？这样就紧凑八桌，超出了五桌我来想想办法。"裕成娘心里早就有打算了：书记兴洪就在村上，每年除夕书记老婆春娣就要来请她帮忙，到时请她帮忙通融通融，估计不会驳这个面子。所以，裕成一家就按八桌的人数来筹办喜宴的作料酒菜。

　　除夕这天午后，家家忙着烧年夜饭，满村子飘着煮鱼烧肉的香味。裕成家更是热气腾腾地张罗着，喜宴上用的大菜，要加工出半成品，两口大锅不停地冒热气。"啊，阿姆你来啦？我娘在里面呢。"忽然门口裕成妹妹一声热情的招呼，书记老婆春娣来了，笑嘻嘻地拿眼光找裕成娘。裕成娘忙迎出来，擦擦油腻的手，从碗橱的最底一格端出两碗东西，放到竹篮里，墙上摘个草帽盖好了，拉了春娣一把，说声："走吧。"不用吩咐，春娣跟着就到书记家去。

　　原来每到年关这天，大队书记赵兴洪对移风易俗和阶级斗争这两根弦绷得特别紧，他一定要到各生产队查看一番，监督一下有没有社员搞封建迷信，尤其是"四类分子"，他在别人越是认为干部会放松警惕的时候，越是要出其不意。按老风俗，过年要先敬祖先，叫"祝馔"：摆开猪头三牲，点上香烛，斟酒磕头化元宝。酒过三巡，等祖宗们吃完，就撤下菜肴，放到灶上。该热的回回锅，再烧几个菜，全家人才放心地吃年夜饭。要在以前，还有一个更要紧的仪式，就是"镇宅"。镇宅是酬谢一年来为自己这个家出力流汗、保佑平安的各方神仙。这个仪式比祝馔更讲究。"文化大革命""大破四旧、大立四新"，早把封建迷信批倒批臭，社员再想搞迷信也不敢这么排场，能够偷偷摸摸地、象征性地的纪念一下自己的祖先而不被抓到，就算大吉了。在赵兴洪眼里，祝馔之类当然是典型的封建迷信，与革命化的春节格格不入，所以不但布置民兵查，还亲自出马，决不松懈。不过，叫兴洪料想不到的是：丈夫要革命，老婆要做人。兴洪一走,春娣就赶紧叫来裕成娘,帮着操持祭祖。春娣在娘家时规矩很重,家里逢年过节都按老规矩办事,春娣耳濡目染,对祖先、对神灵心生敬畏。不过毕竟年轻,对具体操作只觉得眼花缭乱,没有头绪,再说在"革命者"眼皮底下制作那些面做的螃蜞虾鱼等之类供品,也难保不露馅,所以,她只能求裕成娘了。每年这个时候,是裕成娘最觉得脸上有光的时候。

裕成娘有条有理地摆好供品,点上香烛,还特意念念有词地替春娣全家通诉一遍,盅子里斟上了酒。估计兴洪的先祖们在大快朵颐了,裕成娘在围裙上擦了擦手,对春娣说出了裕成要办八桌喜酒的事。"您和书记一直照应我家,这件事您无论如何要帮帮忙啊。"裕成娘恳求道。"好的,回来我跟他说说,都是乡邻隔壁的,可以帮的总要帮一把,不过他这个人铁面无私你是知道的。"春娣说的有点模棱两可。"你一定要帮这个忙,我不会忘记您和书记的。"裕成娘说完就走出门去,不一会儿又回来了,手里捧了一罐绵白糖。她塞给春娣:"这是裕成三舅舅城里凭卡供应的,你一定要留着自己吃,可不要送人哦。"裕成娘又交代一声"要自己吃",春娣客气,推辞了几下,见裕成娘诚心,就收下了。

事情办妥,裕成一家就忙着操办酒席。不过为了不让书记难堪,春娣叫他们分两天办。年初五安排新娘家客人、裕成舅舅们吃,办五桌,余下的年初六再请,办三桌,裕成娘照办。年初五请了五桌,热热闹闹,新郎新娘双方都满意。年初六裕成爹大意了,临时添点菜,叫了一帮好友,又办五桌。正吃得热闹呢,大队民兵营长王四宝带着一帮人突然出现了。王四宝一点桌子,叫道:"好啊,你们昨天铺张浪费不算,今天又大办酒席,对抗革命,真是好大胆啊。"话音刚落,只听得哗啦啦一片响,一张桌子被他掀翻了,碗盏酒菜撒了一地,客人吓得四散奔逃。营长一动手,部下不怠慢,酒菜都被倒进了粪桶里,挑到大队养猪场去了。裕成娘赶紧跑出去找春娣和书记求援,门却关得紧紧的,邻居说他们上午就带着小孩走亲戚去了。

捣了酒宴,没收了酒菜,事情还不算完,第二天,裕成爹被民兵捆着,脖子上挂了个"破坏移风易俗,大搞铺张浪费"的牌子,站在大队办公室门前的交通要道边示众。

几个月后,春娣烧菜,用上了裕成娘送的那罐绵白糖,一勺挖下去,硬硬的,心中一惊,倒出来一看是一个沉甸甸的油纸包,打开纸包:是一只铮亮的钟山牌手表。想起裕成娘叮嘱的"留着自己吃,可不要送人哦",春娣的心像被热油炝了一下……

十几年后,已是改革开放的年代,江南农村红红火火,生产队已改成村民组,春娣的儿子也要结婚了。办酒席这天,春娣起得早,打开大门一看:门口被人摆了一只鲜艳的花圈。

春娣顿时觉得天地一片混沌。

十二、好大一口锅

　　每到农历年末,除了备年货,社员们必定要做两件事,一件是打扫家庭卫生,叫"掸檐尘",这是有固定日子的,一般在腊月十八,美其名曰:掸十八,寓意越掸越发,讨个口彩。另一件就是"打扫"个人卫生。不过要生产队里男女老少上百号人人人完成这项工作,就要好几天,因为一个生产队只有一口锅。

　　江南腊月,天寒地冻,要洗一个澡可不是件小事。当然街上有"混堂",但那是要花钱的,只有少数爱时髦、赶新鲜的男青年会去。再说整条街也就一个混堂,一个公社四万多人,各大队随便去几个就容不下了,要排队,太不自在。所以大家还是习惯在自己队里解决。不过,生产队没有混堂,生产队只有浴锅。

　　浴锅,顾名思义就是洗澡的锅子,最小的直径近一米五,深有三尺,放得下三担水。这锅要是用来煮饭,谁家都用不起,哪怕烧猪食也用不了这么大,只有生产队的饲养场才用得上它。养猪场十几头母猪、几十头肉猪全靠这一口锅开食,自然是越大越好。浴锅平时的作用绝不是洗澡,是烧猪食,只有到农历年底,它才有空腾出来,烧好一锅水,供社员们"潵浴"(洗澡)。

过年前,养猪场里的肉猪按计划卖掉大部分,剩下三四只宰了每家分肉,这样就清空了大多数猪圈,只剩下老母猪吃食。饲养员就另起炉灶,把浴锅腾出来,就让大家溆浴了。溆浴是有讲究的,要是哪家女儿要出嫁,那这家的母亲就会早早地行动,一看浴锅已腾空洗干净,就赶紧抢着烧一锅热水,让女儿作出嫁前的净身。待女儿出浴更衣,就从灶膛里抓起一把稻草灰撒到锅里,不让任何人再洗这锅水。这是惯例,村里人都自觉遵守。

接下来,全村人就要抢了。抢也讲规矩:男先女后。哪家烧了一锅水,这家的男人先洗好,然后是要好的乡邻家男人洗。男人都洗完了,才轮到第一家的女人,往往一锅水要洗几家子。那时都是大家庭,人口多,又是几个月不洗澡,调皮的小孩子脏得身上的污垢可以像一层纸一样撕下来……这洗澡的全过程又只是添水不换水,最后,一锅水洗成了乳白色,这水要是让见多识广的今天的人看见了,定会惊讶得大呼"牛奶浴啊?!"其"富营养"的程度可以想见。但社员们不计较,还诙谐地做个比喻叫:浑泥浆水汰白萝卜。

一家人在洗澡,约好的下一家就开始准备了。女主人把全家的替换衣服找出,放在一只大大的篮子里,再缚一捆稻草——尽管生产队里有的是稻草,且都一大垛一大垛码放在饲养场周围,但那是集体的财产,是生产队用来烧猪食和搅河泥的,不能动一根,烧水的稻草只能自己带去。不过每个生产队也总有个别贪小便宜之人,带去是一小捆,洗完澡却带回一大捆,那会让全村人耻笑半辈子。衣服、柴草准备好,就把全家人口叫齐,派出一人前往养猪场"勘察"。一俟那里扫尾,立即飞奔而回。于是这家就扶老携幼、提篮抱柴,浩浩荡荡向养猪场进发,一路上还要不时地应答别人的预约。

到了浴锅前,小孩子一见那阵势就发怵:高高的灶台上有口巨大的锅,那混沌沌的水面上直冒白气,而锅底的灶膛里还有红红的火在烧,叫他想起放了血的猪在锅里褪毛,不由得呀呀大叫,不敢上前。大人就要好好地哄,拉住他的手探到水里说:"不烫,你试试,不烫,谁谁谁都洗过了。"这谁谁谁便是村子里比他小的伙伴。

终于壮起胆子探一探水,果然不烫,但孩子还是不敢爬上灶台去,眼睛直看灶膛,大人没法,只能操起烧火的铁丫枪,啪啪几下扑灭灶膛里的火,孩子这才敢颤颤巍巍地爬到锅里去。一屁股坐到锅底,又大叫一声逃出来,锅底有点烫,母亲就把灶台上一个特制的木板递给他,关照他垫在屁股底下。

那木板半尺多见方,四沿窄中间鼓,用得年久了乌黑溜滑,俗称"木甲鱼",垫在屁股下防烫的。坐着木甲鱼,感觉好多了,慢慢地把全身泼潮,洗起澡来。一会就感觉水冷,便叫:"烧一把。"就有人塞一把稻草进灶膛,用丫枪拨弄几下。丫枪尾部有个铁环,当啷当啷响过一阵,嘭的一下火着了,锅里暖和起来,真惬意啊,这孩子不怕了。

几月的堆积身上已经像河豚皮一样,一搓就是一把,母亲对他除皮般一番狠搓,几阵哇呀哇呀夸张的嚎叫之后,身上白净了。坐起来,擦干,美美地伸一个懒腰,准备穿衣服。忽然觉得背后有两股暖气吹来,扭过头一看:只见紧挨着灶台的猪圈里那头"阿克夏"大母猪就在身边,隔着栅栏在对他叫唤,似乎对他一丝不挂的身子甚是不解。

一般情况下,那母猪也见多不怪,叫过一阵就走开忙它的事,可有时也有意外。

阿福家的独子林国最怕在浴锅里洗澡,娘好说歹说他就是不敢去。没办法,把准备过年才吃的雪片糕掰下一截,作为奖励,林国才勉强跟着走,雪片糕舍不得吃带到了养殖场里。轮到他洗了,把雪片糕放篮子里就下了锅,还怕有人中途要烧火,叫别人都走到外面去。别人只得照办,他娘走在最后,眼不好,不小心脚碰了一下丫枪,当啷一响,小林以为要烧火,从锅里跳出来,死活不肯再下。娘哄不过,就把那截雪片糕放到靠墙边的锅台上,放在小林的身边,他才算就范。

他娘关照一声,雪片糕不要被水淹潮啊,就带上门出去了,在外面坐等。哪曾想还没坐稳就听得"哇,妈呀! 哇,妈——"一连串声嘶力竭的叫喊,正要开门,门却被小林咣地撞开,小林光溜溜的身子拖着一行水迹冲到娘怀里,瑟瑟发抖。

原来那"阿克夏"母猪看见了那截雪片糕,馋劲难熬,拱坏了栅栏想去吃,却够不着,就舔小林的屁股。小林正坐在锅沿上磨蹭呢,猛然感觉屁股上热乎乎的,蛮舒服,回头一看,却是一个硕大的、奇丑无比的猪脑袋……

十三、野猫其人

野猫其实是生产队生活得最逍遥的人。

野猫当然有名字,不过除了记工牌上用得着,平时一直闲置,时间长了旁人就一时想不起来,都叫他"野猫"。野猫三十多岁,孤身一人,平时少与人交往。他只有两样东西最亲近:钩子和竹闸。钩子用来钓黄鳝,竹闸是捕捉黄鼠狼的利器。黄鳝和黄鼠狼,野猫一年四季的业余生活就和这两样东西打交道。

春、夏、秋三个季节,野猫钓黄鳝。

钓黄鳝的钩子有两种:软钩和硬钩。软钩是一根线,尺把长,一头拴根短棍,一头就拴钩子。每天傍晚时分,生产队里收工了,钓鳝人挎个竹篮,在稻田的田埂上、水沟边逡巡。篮子里装着十几管软钩,看到哪个洞里有黄鳝,就在钩子上扎半条蚯蚓当诱饵,然后掐截尺把长的草茎抵住钩子,轻轻送到洞的深处,把棍子插在洞口固定,就可走人。第二天一早去看,那钩线绷得紧紧的,拉一拉:纹丝不动,呵,钓住了。你再用力拉,钩线慢慢拉出洞口来,一条黄鳝痛苦地张大嘴巴,眼睛定定地看着你,挣扎着被拖出来了。

野猫不用软钩,他觉得太简单,没劲头。而最主要的是软钩给黄鳝造成的痛苦太大，往往吞得很深。钓起了黄鳝，要脱下钩子就很费劲。黄鳝给折腾得鲜血淋淋，痛得直打卷。最后只能把线一剪了之，让钩子留在肚子里。"我不忍心，再说那样的黄鳝也不好养。"野猫说。野猫用硬钩。所谓硬钩就是一根一尺来长的钢丝，一头绑在竹筷子上，另一头磨尖了弯个钩就成。

钓黄鳝的装备很简单：腰挎一只竹编的鱼篓，手执一杆硬钩就往田埂上走。野猫一踏上田间小道，脚步就明显地轻起来。黄鳝很狡猾，本来在洞口守猎物，一感到田埂震动，立即潜到深处。洞口的水就一晃一晃地升降，还有浑水从洞里升起来。这样的黄鳝就很难钓了。野猫在田埂上走过，田埂两边的动静全收眼底。洞口位置明显的，是小黄鳝。他钩子轻轻一探，不到两分钟，黄鳝就乖乖地被拎到鱼篓里了。大黄鳝一般很会伪装，洞口做在一个小水洼里，让你看不出来，不过这逃不过野猫的眼睛。对付大黄鳝要有耐心，你把钩子探进洞里，它不会理你。你探了几下不见反应，以为是空洞就会走开。野猫不走，他会磨。他在把钩子探下去的时候手感就告诉了他：洞壁光滑、拐弯，里面有货。探一会不见动静，他知道是条老黄鳝，他就勒下钩子上的陈蚯蚓，换条新鲜的。老黄鳝对食物很挑剔。

野猫把钩子探到底，这回不再上下地晃，而是让它停在那里，三根手指来回捻着钩子上部的竹筷，诱饵就在洞里打转。忽然，洞口的水有了上涌的迹象，野猫喘口气，手指停一下，没反应。再捻，钩子前端传来一丝细微的摩擦，野猫屏住气，手停。一瞬间，一阵剧烈的震动传上来了，野猫把钩子往上顿一下，松开竹筷，用食指钩住竹筷尾部的挂线。他知道这钩子吃得不深，若硬拉会脱钩。他勾住挂线，时松时紧和黄鳝较着劲……终于，猎物吃不住劲了，无可奈何地被钩出洞来，那火黄色肉鼓鼓的大脑袋一出水面，野猫就知道了重量：八两。这是大收获了，可以卖两块多钱。

这次是比较幸运的，有的老黄鳝狡猾异常，一次不成只能下次再来,野猫这样的高手也要几次才钓得起。不过他也有更幸运的时候。

那次野猫看到田埂上有个小洞,打在高出水面的位置上,知道是条小家伙,根本不放在心上,钩子随意探下去,没想到才探到一半它就咬钩了。野猫知道不好,提起钩来,果然蚯蚓被吃掉了,正想换饵,却见那东西滋溜溜地钻出洞来看究竟了。野猫一笑,弯起手指伸手就一勾,把那小东西抛到篓里。稻田里只有薄薄的一层水,那洞旁边却是一个小水洼,野猫洗洗手,那水就浑了。洗完想站起来走,却见在半米开外的泥地上钻出来一截黑黄色的尾巴,有小拇指粗。啊,大黄鳝。野猫一阵惊喜,右手握拳就往水洼里搋,他搋一下那尾巴就伸出一截……

黄鳝很爱清洁,一遇浑水它就要躲开,所以要是能吃准它有两个洞口,就不用钓,只要用脚往较大的一个洞里搋进去,然后来回地蹭,往里压浑水,黄鳝就会在另一个洞口往外缩,就可手到擒来。这项技术有个术语叫"搋黄鳝"。野猫没几下子,那条黄鳝就露出了大半个身子:有小孩的手臂粗,他估计指头勾不住,两手紧紧一抓,把它从泥里拔出来,撸到田埂上。黄鳝呼啦翻了几个身就往水里钻去。野猫不急,看着那巨大的身体在田埂上翻动、游走,他实在开心。黄鳝钻到水边了,野猫才把它抓到篓里。顿时,篓里小黄鳝们就啪啪地翻腾。

整个夏天,稻田里都有水,野猫转战在纵横的阡陌间。春天和秋天只能找有水的沟渠,尽管那时收获不多,但沟渠里的黄鳝个大,加上钓的人少,所以能卖大价钱。家里一口缸,养着钓来的大大小小的黄鳝,一个礼拜总能卖一次。

一杆钩子,一只鱼篓,勾着脑袋走在田野里,这是人们最熟悉的野猫。

霜降一过,寒流南下。野猫收起钩子,把蒙了厚尘的竹闸从梁上摘下来,一只一只擦干净,换过麻线。他要开捕黄鼠狼了。黄鼠狼皮可是贵重东西,根据季节先后和黄鼠狼的大小,一张皮可卖一块五角到五块不等。一块五就是一个壮劳力两天的工分值,还要在工分值高一点的生产队。

江南人捕黄鼠狼多用竹闸,两爿竹片用竹钉固定一端,形成一个可张合的刀口;再用一根长竹片做弯弓,抵住刀口做动力。用力张开刀口,带上用一根竹丝做的"仙人跳",就可以四两拨千斤。弓绷得弯弯的,黄鼠狼碰动"仙人跳",刀口立即闸下来,没有能逃脱的。

野猫有三十几个竹闸。每天傍晚收工,自留地里浇好水就操起小赶网,到河边赶小鱼,给黄鼠狼做饵食。要是有癞蛤蟆就更好了,这个时节的蛤蟆皮软、肉嫩,黄鼠狼最青睐。吃过晚饭,天已黑尽,野猫用一把木柄长长的铁锹串起匣子,扛上肩,然后拎上饵食就出门。

水沟边、涵洞口、无人居住的老屋旁是黄鼠狼的逗留之地。野猫在沟壁上挖个浅浅的小洞,放进一条小鱼;取下竹闸,张开刀口,架在洞口。就这样沿着白天看好的线路,一路架过去,架完就回家睡觉。凌晨三四点,野猫就醒了。起来,出去收匣子。自然是空匣子多,但每天总有一两只的。小黄鼠狼是立马被闸死,原地不动。大一点的就会拖着竹闸跑一段,要顺着痕迹才能找到。

村东第一家是琴娣家,琴娣男人已病故,她拖着个光头小子过生活,只住前面一间屋,后面的就堆了杂物,养了猪。野猫认定这屋附近有动静,就在屋后的小水沟边上架了只闸。第二天一看,沟里一泡稀屎几根毛,一股狐臊味,却不见了猎物,竹闸也被拖跑了:是个大的。野猫断定后,就开始找。找到琴娣后门口,又见几根毛、一泡尿。痕迹没了,猎物也不见。野猫心里有了数,先回家再说。等天一亮就敲琴娣的门,说你要是喜欢黄鼠狼你就留着,但把匣子还给我。琴娣先是一愣,继而就不高兴了,说:"野猫看错人了吧?我尽管寡妇一个,但坐得正,立得稳。别说你一只黄鼠狼,就是一只猪我也不会碰一根毛。"把野猫骂了出来。

闸黄鼠狼遇到贪小利的很平常,偷匣子、偷猎物是家常便饭,有人甚至你在前面架,他跟在后面收,给你一网打尽。但野猫没想到琴娣也会这样,很气。没多久就为一只猫和琴娣大吵了一场。

野猫又在琴娣家附近架匣子,他估计有一对黄鼠狼,上次闸了一只还没完。没想这次却闯了祸,闸住了琴娣家的一只猫。幸好猫的习性与黄鼠狼不一样,猫先用一条腿去拨饵食,结果闸断了一条腿。拖着匣子一瘸一拐逃回家。野猫不敢去讨匣子,只是躲在一边的稻草垛后远远地看,看琴娣会不会扔出来,却被琴娣看见了。琴娣抱着瘸猫就冲出来,直往野猫手里塞,说野猫是报复她,要他赔猫。野猫一急慌了神,糊里糊涂就咬定是琴娣贪小利拣了黄鼠狼,吵得不可开交。事后却有人告诉了他真正贪便宜的人,不是琴娣。野猫好后悔。

琴娣家几天里被咬死了两只鸡,都是黄鼠狼干的,死鸡被拖到门槛下的洞边,拖不出来,就撂下了。琴娣好心痛,怪野猫闸残了她的猫,要不黄鼠狼不敢来的,托人来找野猫帮忙闸掉那害人精。野猫有愧在心,正愁没机会补过,一听来人说起马上笑眯眯地答应了。

吸取了上次误伤家猫的教训,这次野猫特意花功夫在河底捕了只癞蛤蟆,这是家猫不喜欢吃的,又在琴娣家周围转了几圈,摸清那野物的踪迹,他告诫自己要马到成功。晚上,外边没了人,野猫就下闸了。一觉醒来已是晨鸡报晓,有四点钟了,野猫赶紧起身,打着手电跑去一看,匣子不在了,地上的乱草被踩烂了一片,乱糟糟的痕迹向一边延伸。"好大的家伙!"野猫狂喜,追去。追出几十米,在一片菜地里,那东西躺在地上,不停喘气,眼睛还滴溜溜地转呢,是只公黄鼠狼。脖子上紧紧地夹着一只匣子。

野猫说"跟我走吧,等你好久了",拎起匣子就走,黄鼠狼绝望地放出最后的一串臭气,蹬蹬腿,死了。

清晨起床,琴娣打开大门,门把手上挂着一团白森森的东西,吓了一跳,细看:是一只剥了皮的黄鼠狼,她会心一笑。中午,琴娣叫大儿子端给野猫几块红烧的黄鼠狼肉。

不久,两个人就结伴去别的大队看电影了。

十四、口吐祸福

伯明是生产队一宝,长得很秀气,一张脸再怎么晒也是白白的,个子也出挑,在男人堆里总是高出一头。伯明念书念到初中,在生产队里可以算个有文化的人了,他学什么都很快。可是,造化弄人,伯明有个最大的缺憾——他是个结巴,他一肚皮的货,只能慢慢往外倒,要是急了,却断断续续地说不连贯话。他不开口时,生产队人人看重他,一开口就坏事了,有人替他着急,有人看他好笑,也有人劝他"慢点说,慢点说",所以伯明很少开口,只是用他的巧手说话。

不过要是没有演样板戏的机遇,伯明还成不了生产队一宝。

那年忽然提倡大力宣传毛泽东思想,先是做木板的语录牌,社员上工扛着插到田头,插好了牌子才能干活。没多久又号召人人做毛主席像,还要举行比赛。社员们于是家家户户各显神通,最简单的是找张毛主席像的印刷品,用复写纸描到自己的白纸上,上色,就成了。讲究一点,手巧一点的女社员则用丝线在白布上绣一个。不过这也不算出新。伯明别出心裁,他到镇上砂轮厂讨了点五色的金刚砂,又找木块板漆成白色,在上面勾出头像线条,然后沿线条涂上胶水,最后把金刚砂撒到胶水上,晒干、吹掉浮砂,一幅别致的作品就诞生了。立刻,这个新颖的创意轰动了生产队,不久又轰动了大队,最后在全公社的比赛中与人并列第一。伯明的毛主席像一评上奖,公社砂轮厂就加强了门卫力量。

做完语录牌,又有新行动了:每个大队成立一个毛泽东思想宣传队,每个生产队成立宣传组,排演革命样板戏。有了做语录牌的知名度,再加上伯明平时也会用笛子吹吹"北风吹",所以,大队书记就指定了伯明参加,当然还是吹笛,而不是让他演角色。宣传队一成立,大队书记就明确了任务:要排演革命现代样板戏——《智取威虎山》,不过是锡剧,剧本公社文化站有现成的,拿来就是。演杨子荣的是大队团支部副书记小阿明,民兵营长的女儿朱小洁演小常宝。

借了个生产队的仓库,排练就开始了。大队书记是个锡剧迷,为了演好这出戏,特意从文化站请来老师辅导。排练进展很顺利,不到两个月,就在本大队小学操场上公演了。伯明尽管没有吹"北风吹"那么重要,但导演看他聪明,特意在"打虎上山"一场给他安排了一段独奏,效果不错。社员们见自己身边的后生们化了妆在台上活蹦乱跳,特别高兴,唱的又是熟悉的锡剧调子,更觉得英雄们可亲可爱,演一场红一场。半个月以后,相邻的民主大队就来邀请了。

去兄弟大队演出,既出风头,也担风险,所以大队书记亲自带队。搭台、装灯、拉布景,一切很顺利,民主大队还杀了猪,请演员们喝了酒。天一黑,篮球场上黑压压地挤满了观众,两只一千瓦的"太阳灯"把舞台照得雪亮。演员、乐队各就各位,还有十分钟就要开场了。由于喝的是自酿的米酒,水多酒度低,小阿明喝得有点多,撑了,想方便一下,正好伯明也有同感,就一起去。两分钟后,只回来伯明一人,书记问小阿明呢?伯明惊慌地瞪大了眼睛,哆嗦着嘴唇,左手狠命地拍打大腿,嘴里一个劲地:"不……不……不……不……好,小……小……小……"就是说不出一句话。书记火了:"我知道你说小阿明,小阿明怎么了?""跌……跌……跌……跌……跌……跌"伯明还是说不成话。

这时,第一遍开场预备哨子已经吹响,还有五分钟了。书记恼得几乎要跳起来。关键时刻还是琴师宝林镇静,也亏了他对伯明最熟悉,他操起二胡,定一定音,立刻拉出了锡剧大陆调的过门,意想不到的奇迹马上出现了:只见伯明精神一振,左手叉腰,右手有节奏地拍打大腿紧跟着琴声就唱起来:"不好不好真不好,(哎呀呀)小阿明跌进了茅坑里。爬了半天爬不起,我就啊赶紧跑回来。"众人恍然大悟:小阿明在灯光里跑出去方便,没看清,跌进了生产队的大粪坑里,爬不出来了。

"糟透了,他可是杨子荣啊。这可怎么办?"书记六神无主。宝林小心地说:"要不让伯明试一下? 他唱起来一点也不结巴的。""伯明?"书记两眼盯着伯明,"你行?""我……我……我"伯明说不成话,一个劲地点头。"死马当活马医了。"书记一拍屁股,对伯明说,"你,马上去换装,可要唱好啊。"伯明点点头,赶紧往后台跑。

伯明对剧本早已烂熟于心,平时每个角色的念白、唱词他都背得滚瓜烂熟,人家在台上唱,他在台下哼,平时在家里也偷偷地唱。大幕拉开,伯明上场,说唱做打果然行云流水,比小阿明演得还好。书记暗暗佩服这个小"愣子"。从此,可怜的小阿明就因为一泡尿撒成了 B 角。说起来是 B 角,似乎总有出头露面的机会,哪曾想伯明热情高,身体又好,哪一场都不缺他,小阿明就再也没有上过台。

半年以后,样板戏式微,不过伯明却红运高照:不但和"小常宝"结了婚,书记还叫他做了生产队长。这样一来,社员们每天起码可以开心一回。一大早,伯明要吹上工哨子,一般的队长都是哨子"嘯嘯"一吹,就喊一声:"上工了。"伯明不行,他"嘯嘯"的哨声吹过,就只会喊:"上……上……上……"喊不出来,又吹哨子。社员们听着他第一声喊从村东头响起,就开始喝粥。等他一路喊,喊到村西头终于喊出一句话:"上……上……工了!"大家的粥也喝完了,就扛起工具上工。

到了田里,还学他说话,伯明着急,可奈何不得大家。小后生赵福毛本来说话好好的,学着学着就结巴了,真是邯郸学步,把原来的说话习惯忘掉了。

十五、船王阿黎

在生产队，一个人弄船技术的好坏决定他地位的高低。阿黎的爷爷在旧社会撑了一辈子的石灰船，对船技、航路、水性熟得像自己的五指。阿黎得其真传，弄船的功夫自然也是没的说，摇橹一条线，掌舵顾八面，背纤断后边，样样精到。不过他船王的得名却并不在此。

阿黎的舅舅是供销社"杀猪作"的负责人。"杀猪作"是专门收购和宰杀生猪的，收了猪杀一部分供应本公社，其余的要运到县供销联社"解任务"。"杀猪作"只是公社供销社下属的一个门市部，杀猪作负责人这"官"自然小得可怜，却是一个人人眼红的肥差。全公社每家每户的猪都要经他的手估价，才能收进来。他说定什么标准，一口价，绝无商量余地。要不信，杀了算肉，还是那个标准，所以大家服他。他要说这头猪不够最低标准，养猪人只能哭丧了脸抬回去，全家人的开销计划就算破灭了。

"杀猪作"要向县供销联社运猪，舅舅就想到了自己的外甥阿黎。这是增加队里收入的大好事，队长全权委托阿黎组织，所谓组织就是在生产队里的男劳力里挑出三四个人，专门负责给杀猪作运猪的业务。于是阿黎和几个好兄弟就成了远近闻名的红人。凭阿黎的机灵，几趟猪运下来就把上上下下的过门关摸得熟透了。不过，运猪只为生产队赚现钱，自己至多多拿几个工分，没什么外快。业务跑得多了，阿黎的胃口也大了，他最想运的已经不是猪，而是猪皮了。

阿黎看中的是猪皮上的肉膘。摇船出门，船上都自带锅灶，要烧水做饭。阿黎把薄薄的残剩肉膘剐下来，烧热了锅，熬油。干这活也要技术，三人摇一条船，遇到逆风或逆水，两人上岸背纤，一人船上掌舵，这掌舵人一定是阿黎。阿黎一手握着舵把，一手操刀剐肉膘，两只脚帮着绷紧猪皮，剐下一块扔到锅里熬油。眼睛要三用：看航线，看肉膘，看锅里。航线不可马虎，一只手剐膘也不省事；猪油多了要舀起，油渣老了勤捞出。要换别人会忙死，阿黎却手脚呼应，慢悠悠，乐呵呵，时不时还捡块滚烫、粉脆的油渣，放在嘴里嚼得哗哗响。岸上背纤人馋得眼冒火，过往船上人馋得口流水。一趟猪皮运下来，船上人每个可分得半斤猪油，人人都说阿黎好。

看阿黎玲珑，舅舅又介绍他们帮采购站运兔子。一开始是运兔子。

第一趟，阿黎就看出了生财门道。第二次开船他就带了把剪刀，磨得飞快。一路上，阿黎看哪只兔子毛长得好，就从笼子里拉出来，剪毛。人员不是专业的，工具也非专用，一只好好的兔子，在他的手下，被塑造得坑坑洼洼，要是一不留神，还会刀下见血，惨不忍睹。但县供销联社只要活兔，不管毛色，所以见到阿黎们运去的"另类兔子"最多苦笑几声。阿黎却沾大便宜了，他摸到附近的一家杂物收购站，把兔毛卖了，每人可分得两块钱。

对阿黎的生财之道，大家佩服得五体投地。队长也开始和阿黎套近乎了，阿黎的胆子就更大了。

采购站又要他们运"青紫兰兔"，这是菜兔，无毛可剪。一路上阿黎动不出生财的念头，到了县供销社仓库，他突然就眼睛放亮：他发现那几个点数的人都已老眼昏花。阿黎使个眼色，伙伴几个就殷勤地帮他们点数。点数是五只一点，阿黎看他们不注意，就抓过四只，用身体掩护,快速扔到兔群里,嘴里高声报出放进去五只兔子。如是几次,当船里最后一笼兔子搬上岸时,就拉出几只,藏在舱里。收兔的老头糊里糊涂地把码单一签,阿黎就开船返航。回到家里就把赃物两元一只卖给队里的好伙伴正伟。养上几天,正伟就三块一只又卖给了采购站。几回下来,他们就得心应手了。想要几只,挑好的事先藏在船舱里,不再临时抱佛脚。但也不贪心,最多不超过五只,阿黎说只有细水才能长流,众人皆曰然。

阿黎的威信越来越高,伙伴们要给他封个雅号,有人戏谑地提议叫"贼王",尽管很贴切,大家叫着也无恶意,但阿黎坚决不许。他想一想,说:"真要叫就叫'船王'吧,含蓄一点。"大家哈哈一乐,都说好,从此船王阿黎就叫开了。

看他们活得滋润,队长很眼热。儿子阿平初中毕业了,回到队里,队长要阿黎带他学生活,阿黎知道队长无非是想分一碗粥喝,碍于面子,只得答应。

阿平第一次上船就是运菜兔,一路上问这问那的,很好奇。阿黎说多问没用,到时记住我的话就行。这次采购站收了一只七斤重的大公兔,窝在笼子里有两只大兔子,阿平想把它拿回家。说这兔子这么大,当种兔一定好,明年养他一窝大兔。阿黎知道采购站的码单上有每只兔子的重量明细,这兔太大,惹人注目,弄不好会"穿帮",他想了一个主意,关照阿平到时跟在他身后,看他手势行事。

到了县城仓库,阿黎把那只大兔子藏在一只大篮子里,放点菜叶,让它吃着不乱动。篮口盖只大草帽。篮子叫阿平拎到验收处。阿黎是两手准备,要是收货员注意到了大兔,阿黎就踩一踩阿平的脚,阿平趁乱推倒篮子,放出大兔。阿黎就嗔怪阿平贪玩,差点闹出误会,然后交出了事,也不会被怀疑。要是没有发现,阿黎就在身后挥挥手,阿平把篮子拎回船上。

开始很顺利,收货人谁都没在意,快结束时一个女工却看了眼码单,说:"呀,今天有七斤的兔子,怎么没见有特别大的呢?"她这么一说,大家都想看看大兔子什么样,就在兔群里找。阿黎知道混不过了,马上踩一踩阿平的脚。阿平第一次干这样的事,早紧张得出汗了,一见阿黎踩他的脚,方寸全乱,晕乎乎拎起篮子就往船上跑。那兔子也不争气,吃得太多,正撒尿呢,阿平拎起篮子,地上就露出一摊水,还一路往外滴。那女工说:"你个老小,跑什么呀,你篮子里是啥东西……"

阿黎败走了一回麦城,以后运兔的生意就换人了。

十六、一鱼成筻

春末夏初,是江南的梅雨季节,斜风细雨、绵绵不绝。遇到特殊的年份,往往暴雨如注,一雨成灾。所以,雨下得最紧的几天,男劳力要轮流防汛。

毕竟成灾的情况很少发生,基本是下着下着就没劲了。于是太阳露脸,气温一下子升高,夏天就到了。看看日头放晴,天空蓝得透明,知道汛期已过去了。为了慰劳弟兄们连日的熬夜值班,队长决定搞个聚餐,蔬菜谁家自留地里都有,荤菜没现成的,队长发动部分男劳力到附近的一条野河里去捕鱼。所谓"野河"其实是交通繁忙的大河,因为不属于哪个生产队,所以一般不养鱼。而这条河是和隔壁大队的界河,属于他们管理,他们大队也年年投放鱼苗,年年捕鱼。

只是我们生产队为了自己方便,故意不承认而已。看着这边人钓鱼,对方看鱼人也不敢高声吆喝,更不敢当贼抓。只是远远看着你,见钓得多了,就跑来掂一掂,赞叹一声:"嚯,手气不错啊。"意思是劝你收工吧。这边也知趣,说句:"嗯,够吃了,下次再来。"就起竿回家。但这样的捕鱼有个规矩:不能用网,用网就算偷鱼了。

赶网是不算网的,这是一种提在手里的小玩意,只一张桌子大小。

一手提网，一手持舂槌，在河边赶些小鱼、虾子。队长叫两个人用赶网，三个人钓鱼。三个钓鱼人一伙，找个隐蔽处，扔些炒煳了的棉籽饼"打塘"，下钩。这里是一片桑田，田间一条小渠，有水往河里流，引得好多小鱼"趋之若蚁"。裕成说："小鱼下面必有大鱼。"问他怎么知道的，他反问你："你忘了'大鱼吃小鱼，小鱼吃虾米'的老话了吗？"被他一说，大家也觉得有道理，就在这里下钩。

鱼陆陆续续上钩了，无非是一些鲫鱼、鳊鱼，没有意外的收获。更有咬了半天钩，吃掉三条蚯蚓，钓上来却是一条两指长的刀鳅，因为它背上有刺，鸭子都不吃。气得钓鱼人把它狠狠地摔死，再扔到河里，似乎在警告水下的小捣蛋们。裕成说"这样不行，我要用菜叶钓了"。他带了一竿大钩，想钓杂食的大鱼，但这是希望很渺茫的想法，只能当作玩儿。河那么大，大鱼一般不会到岸边来，裕成也是无心插柳。他掐片菜叶，扎在那竿大钩上，随意往远处一抛，把钓竿用块石头压上，就到一边，还钓他的小鱼。

日头慢慢偏西，三个人没趣地盘算着可怜的收成，越盘算越心虚，仿佛做了亏心事，觉得没有脸面回家。正发愁，忽听扑通一声，裕成的大钓竿掉到河里去了。"压得好好的怎么会？"裕成边想边去捞竹竿，众人也不在意，却听他大叫一声："啊，不好啦，是大鱼！"紧接着是一声闷响，水花溅起。看他时，已跳到河里，正向竹竿游去。"是大鱼，一定是大鱼！"裕成不时回头，紧张地告诉同伴，五官甚是夸张。岸上两人都放下钓竿，站起身，伸长了脖子往河里看，紧张得忘了出声。

裕成急忙游一阵，追上鱼竿，一把抓住。线绷得直直的，不敢用力拖，只能顺着鱼乱游，手里紧一阵，松一阵，不敢用力。鱼以巨大的惯性拉着他东撞西碰，渐渐地，裕成手脚发虚，只能仰躺在水面。鱼却还没露头，可见精力充沛着呢。岸上人着急起来，叫他："裕成，抓住，抓住。"这一叫提醒了他，还有同伴在，裕成叫他们把远处的一条船撑过来。不一会儿，两人撑着船就到了跟前。裕成说："你们到前面用竹篙打水，吓唬它。"两人把船撑到鱼游的水域,一个用竹篙拼命击水,一个用木棍咚咚地敲船帮。鱼吓得掉转了方向,朝岸边撞来。

估计是碰到了水下的河堤,那鱼一个激灵,突然发力猛冲。裕成绝望地叫起来:"我不行了,我不行……"还没叫完,嘣的一下,线断了。裕成握着轻轻的竿子,惊恐地瞪大了眼睛,"啊,啊!"地呼叫。船上两人看到鱼逃脱,也待在那里。

突然,一人指着那条水渠,喊起来:"在那里,在那里!"只见那条小水渠里一道长长的黑影在逆水而上,水草东倒西歪,搅得后面一股长长的浊流,好似一发鱼雷。原来那鱼被闹得晕头转向,乱冲乱撞,一下子冲进了小水渠里。

三人赶紧上岸,追!追到一个拐弯处,那家伙卡在那里,动不了了。啊!是一条大青鱼。乌黑的身子,足有两米长,像个大怪物。从没见过这么大的鱼,一时吓得不敢动弹……还是裕成机灵,他一把扯下别人的衬衣,双手伸在袖子里,跳到水里抱住鱼。有了衣服包裹,鱼就滑不脱了。另一人也如法炮制,光膀子的也下来,却被鱼一尾巴扫了个大跟斗,爬起来满头污泥。三人紧紧箍住鱼,总算把它抱了上来。

力竭气尽,人随鱼一起倒在地上,脸色煞白,再也动不了了。那鱼挺着硕大的身体,无奈地拍打了几下尾巴,把碎土溅了他们一头一脸。

村里人扛来了一块门板,把鱼绑在门板上,抬回去一称:七十二斤!这吓坏了全村人,几辈子都没听说有这么大的鱼啊。要杀鱼却犯了愁:刀子太小,试了几家的都不行,最后想到了屠夫阿六。阿六用砍猪肉的大砍刀杀了鱼,鱼头装在洗脸盆里,满满的,和猪头一样大。鳞片有银圆大小,被村里家家户户收藏。最后,用了五口锅才把鱼肉煮完。煮熟了一揭锅盖:那个油啊……全村社员吃得人人倒胃口。

第二天上工,裕成几个没精打采的,问原因,都指指肚子,悄悄说:"反胃……"

十七、悍妇阿菊

　　每个村子都有一两个出名的女人，出名原因无外乎势利吝啬、轻佻浅薄、懒惰邋遢，这类女人走到哪里都遭人指戳。唯有凶悍泼辣一类的，倒让人敬畏三分，这类人往往凶但在理上，再说干活也大多是一把好手，绝不偷奸耍滑的。阿菊就是这样的人。

　　阿菊长得矮矮墩墩，短头发，粗手臂，走路噔噔噔一阵风，和她丈夫弯背形成鲜明反差。"弯背"是因为他的形象而被别人封的"雅号"，稀黄的胡子老沾着粥沫菜屑，佝偻的脊背永远直不起来，说话还是个大舌头，却特别喜欢说，于是离他几尺外的人就只听见他不停地发着"热热热"的浊音。

　　阿菊打老公，所以人人说她凶悍。

　　弯背在田里干活，"热热热"地叫不停，别人讨厌他，取笑他，学他的大舌头。弯背不理会，照旧他的啰唆。阿菊白他一眼，弯背没看到；再白，看是看到了，然正在兴头上，刹不住车，当时还涨红了脸，和人抬杠。回到家里吃饭，阿菊就要教训他。弯背不知趣，申辩，还嘴，阿菊就要以行动来结束对话，她啪的一巴掌扇过去，弯背立刻乖乖地吃饭。阿菊心里燃起了怒火，她将筷子往桌上一拍，揪一把弯背的耳朵就骂起来："你是白长了一张人脸啊?！叫你识相点,多吃饭少开口,你不说话会憋死啊?你活现世,现眼报……"弯背偷偷往碗里夹菜,趁阿菊一松手的当口,端起碗,呼地就往门外逃。

弯背原来并不是这么软弱的,年轻时在村里也是一块"三角黄石",惹是生非少不了他,那时阿菊还是他嫂嫂,就是他哥哥的老婆。结婚几年,哥哥一直病恹恹的,更无力生孩子,最后竟死了。阿菊要改嫁,弯背却看上了她。阿菊不肯,弯背暗地里把她养的兔子一只一只地弄死。田里的豆荚长得旺,毒日头下,弯背把豆荚拔起一点,到傍晚,豆荚已倒伏。今天一棵,明天两棵,十天半月豆荚全死了。阿菊恨在心里,却怕自己如果硬要嫁人会闹出更大的事来,再说也一时难找合适的,就打落牙齿往肚里咽,委曲求全了。这样的婚姻叫"叔接嫂",一般都因男方年轻,且初婚,便显得女方矮三分,日后的生活妻子事事依着小丈夫。这对却不同,一方本来好逸恶劳,加上心里有鬼,毕竟底气不足;一方本来敢做能拼,又是破罐子破摔,一心横到底,所以局面自然不一样。

结婚才半月,是个雨天,阿菊说不干活,中饭按惯例烧菜粥吃,弯背仗得刚过年,米囤里有存粮,不吃菜粥。阿菊说过日子不是这样的,弯背心里服气,嘴上逞强,就吵。三句话不投机,阿菊忍不住亮开了嗓门,弯背觉得被邻居听去自己没面子,想用武力挽回面子,一下把阿菊推倒在地。阿菊也不骂,爬起,两手按住弯背肩膀,三下两下就把弯背摔倒在地。新仇旧恨涌上心头,于是骑在他头上,抓过棒槌,对着翘起的屁股一顿狠揍,门外看热闹的直叫"武松打虎"。弯背从此服了软。

阿菊干活是强手,无论割麦、锄地、挑河泥,还是养蚕、插秧、捆稻铺,重活、细活无不拿得起,放得下,不落人后,工分拿七折半,是女劳力的最高值,相当于男劳力的十折。弯背却只拿九折,又比阿菊矮了一头。结了婚却受人管,他怀念以前放荡的日子,总想在人前显摆自己,却总以遭人奚落而告终。阿菊恨铁不成钢,说话没用,就只能打他。

不久有了孩子,第一胎女孩,两年后又一胎女孩。再两年,又生一女孩。夫妻都不服气,过两年再生,倒真是个男的。阿菊高兴,家里终年不闻打骂声。男孩长大了,却是个小弯背:爱说话,不爱动脑。别人问他:"昨天夜里你听到什么怪声音了吗?"他说:"没有,只听见爹爹妈妈在一起喘气,我看见他们脱了衣服在肉搏。""那你怎么样呢?"不怀好意的大人启发他。"我就骂'不许动,流氓'。"笑得众人丢了手里的工具揉肚子。以后只要一片生山芋、几颗炒蚕豆就可骗得他讲父母之事,气得阿菊眼光又泛了暗,弯背的日子又不好过了。弯背说子女都大了,我也过了半世人生,你总得让我做做人吧?村里人也认为弯背虽窝囊,阿菊也过分,撺掇弯背找机会下手狠一点,揍服她。

机会终于来了,这天饭后,还不到上工的时间,只听得弯背家里一阵吵,接着是乒乒乓乓的摔打声,再往后就只听见弯背的呵斥声:"你还要不要啦? 啊?"啪啪几下,弯背又骂:"家无主,扫帚颠倒竖,你想翻天啊?"啪啪啪又是几下,弯背又骂……众人听得过瘾,说这回弯背总算像个人了,听着听着就动了恻隐之心,说男人手重,别把阿菊打坏了,去劝,门闩着。门缝里看去却笑得倒退三步,后人再上前,同样笑得倒地不起。原来是阿菊骑在弯背头上,啪啪打几下,弯背就装模作样骂几声,弯背脸胀得像猪肝。

十八、瓦匠阿德

阿德在生产队的时间并不长,却有两次大难不死的传奇经历。

阿德原来是不能算生产队社员的,他是中学教师,但不教主课。学校什么副课缺教师,教导主任就想到他,所以阿德既会教体育、图画、政治,又能教劳动、唱歌、农知。不过唱歌只教过半个学期,学生意见太大,领导只得叫他"改专业"。倒不是他五音不全,实在说阿德的嗓子还称得上洪亮,也会拉几下风琴,根本的原因是阿德长一口龅牙,而且龅得太厉害,猛一看几乎和嘴巴垂直了。一讲话,特别是讲到慷慨激昂处,就"细雨霏霏"。木讷的男生或许浑然不觉,敏感的女生早已撑开书本作孜孜不倦状,来抵御他的"醍醐灌顶"。讲课尚且如此,唱歌产生的"降雨量"就可想而知了。

阿德教得最多的也最擅长的课是"农知",农知是一门新课,传授的是农业基础知识,比如水稻的一生之类,教学上没有先例可循,但阿德身在农村,睁眼就见庄稼,教的又都是社员的后代,所以驾轻就熟,教得最权威。也正因为他的权威助长了骄傲自满的心理,一不留神竟然评论起了农业"八字宪法",他说土、肥、水、种、密、保、管、工也有可以改进的地方,比如"密"字,有时就不是把庄稼种得越密越好。说者无心,听者有意,不久学校搞两派斗争,阿德被人揭发污蔑毛主席,就被清理出了革命教师队伍,成为生产队社员。

几年下来,阿德细嫩的书生肩膀被粪桶担、河泥担、稻担、麦担磨压得又红又肿,最后两肩各隆起一个肌肉疙瘩,夏天一赤膊,就显出了他的另类。不过值得庆幸的是阿德没有戴上“四类分子”的帽子,尚属于革命社员之列,他肚子里的学问赢得了大家的好感。毛主席号召要大力发展养猪事业,人民公社就掀起了大办养猪场的热潮,每个生产队都要建一个百头猪场。建猪场要砌房子,砌房子就要瓦匠,生产队里没有现成的人才,队长看阿德脑子活络,就让他带上三个人,成立了临时建筑队。泥刀、线锤公社农机厂找人做,灰板、托线板叫木匠刨一块,将就着就把猪场慢慢地砌起来了。当然阿德也下了苦功,白天干活晚上琢磨,还一张张地画图,俨然一个土工程师。尽管是碎砖乱石做建材,可造出的猪场墙体整洁挺拔,室内宽敞明亮,比社员的住房还惬意。阿德的建筑队出了名,大队要造更大规模的猪场,也请阿德做“作头师傅”,设计连带建造,都由他说了算。

大队的猪场造在玉皇殿旁边,那里原来是一个庙,有好多房子,后来变成荒庙,房子也就慢慢坍塌,被拆掉了,只剩下高大坚固的玉皇殿,舍不得拆,还保留着作仓库。拆除荒庙时往往可以捡到一些稀罕的东西,但老一辈人把这里看得很神秘,认为每个物件都聚着鬼气神气,所以那些东西都被扔掉,没人敢带回家的。阿德在挖猪场地基时,挖到了一个巴掌大的铜人,擦擦干净,看着线条简明、面目生动,就舍不得丢,想带回家。别人劝他,阿德说那么小的东西有什么能耐,别迷信。带到家里,慢慢就忘了。

猪场快竣工了,毕竟比生产队的讲究,还用石灰抹墙,最后刷层石灰水增白。阿德搭了半人高的脚手架,正想跨上去,却见两只黑狗在打架,他让人把狗赶开,别人说哪里有狗?莫非你眼花了?阿德揉揉眼,笑自己看花了眼,就站上去干活。不知怎的没刷几下就头一晕栽了下来,看着好好的却不省人事。送到公社卫生院,说还是趁早送无锡城里医院。乘了半天轮船到城里,观察三天,说要开颅,生死不定,剃光了头发要叫家属交钱签字。家里哭成一团,年长的顺口说是不是冲了什么煞星了?这倒提醒了建筑队同事,说起小铜人,赶紧找出来,连夜扔到庙前的河里。两天后阿德就醒了,吃点药,半个月就晃着个青皮脑袋出了院。医生说后来会诊不是颅内出血,所以吃吃药就会好,但家里坚信是小铜人作怪。

造了大队养猪场,阿德名气大了,造的房子渐渐多了,阿德就干起了专业的瓦匠。邻近的民主大队有生产队要造猪场,也慕名而来请阿德。新房子上梁时,阿德在下面指挥。用的是水泥梁,属于新生事物,特别沉,阿德监看着水泥梁一根一根吊上去,上到位。由于上下配合好,很顺利,还有三根就完工了。阿德看着两边墙上人扯紧绳子,协调着把一根梁慢慢吊起,渐渐升高,快到房顶了,没想到那绳子磨损严重,断了几股没被注意到,最后几股突然断开,水泥梁"轰"地砸下来,地上一片烟尘。众人看见是落到了他脑袋上,烟尘过后却见他好好地站着,丝毫不见负伤的样子。都松一口气,却见阿德呆立不动,面部总看着不对劲,待到一股鲜血从他嘴里淌出,大家才明白:阿德的满口龅牙被切掉了,而鼻子却安然无恙。

几个月后的阿德已镶了一口漂亮的假牙,被嘴唇安全地保护在里边。旧貌换新颜的他忽然时来运转,学校恢复了他的教师资格,阿德从此扔掉泥刀,又拾起了粉笔。

十九、阿六放鹅

惊蛰到了,几个响雷掠过天空,催起地上的生命不停疯长。太阳热了,和风暖了,田埂上绿草、野花闹成一片。生产队养了一群鹅,喂了一个早春,绒毛已脱,脚杆发硬——可以放鹅了。放鹅就是扛一根头上拴了把破扇子的长竹竿,吆喝着鹅群出门找食。我们这里有条大河,河岸上长满了嫩草杂花,鹅群顺着它一路漫游,一个多月后才转回来。去时都是黄茸茸拳头大的小鹅,回来时羽毛齐丰,叫起来已是嘎嘎嘎的"男高音"了。

放鹅是个轻闲的差使,只要有责任心就行,五十多岁的宝丰是放鹅老手,放鹅当然少不了他,还有一个搭档就要队长恩准了。"叫阿六去吧。"队长似乎不加思考就作了决定。阿六是将近三十的老小伙子,兄弟六个,他排行老末,父母把他拉扯到会走路,就相继去世了。阿六一无所有,借住在大哥家猪圈上的小阁楼里。那年征兵,阿六大哥活动活动,让阿六去当了三年兵,回来就有了一床被子。但大哥的儿子也长大了,替代了他在小阁楼的位置,阿六只能睡在猪圈旁边的走道上,被子朝收夜铺。一日,两头猪拱坏了栅栏,跑出来,把他的铺盖糟蹋了个稀巴烂。阿六伤心得大哭一场,觉得自己是世界上最命苦的人。

队长看上阿六，倒不是因为他穷，队长是别有用心。

当兵回来的阿六特别有善心，看到别人为难他就要插一手。红云守寡几年，拉着两个光头儿子过生活，拼死累活也喂不饱三张嘴。去年买了三只鸭子，那是浙江人"放账"的雌鸭。所谓放账其实就是赊购，这都是浙江人做的生意，他们以卖鸭为生，有一手看鸭的绝技，鸭子一出壳就辨得出雌雄。养鸭不比养鸡，养鸡无关雌雄，养到斤把重，鸡婆（母鸡）留着等下蛋，雄鸡就杀了给家里的男孩补身子。公鸭长个壳子，没什么肉，养了等于白养，所以养鸭就要养母鸭，下蛋换钱。一开春，卖鸭人把苗鸭欠给农户，叫放账。放账的鸭子要卖五毛钱一只，比现钱买的要贵一倍多。夏天，鸭子长大了，他们就来收账，母鸭收五毛，公鸭不要钱。自己卖出的鸭子都有记号，很少出错的。这一次却出了错，红云买了三只鸭子，长大了，一只却长出了红毛、绿毛，叫起来嗓子沙沙的，是只公鸭。卖鸭人抓过那只公鸭，看一看两脚，却不承认，还说红云拿了别人家的公鸭诈他们。红云气得大吵，卖鸭人气壮如牛，吵着吵着就往红云家冲，要拿东西。

"你敢！"正好队长派阿六换农活、回家调农具，见卖鸭人蛮横，抓过扁担就"横刀立马"挡在红云家门口。场上没有男人，卖鸭人胆大，打了起来。等地里男社员赶来，卖鸭人逃之夭夭，阿六脸上也开了个口子，红红地淌血。当晚，红云借了五个鸡蛋送过来……

今年，红云不养鸭子了，她和生产队一样，养了五只鹅。

几天后，一个暴雨骤歇的早晨，阿六和宝丰扛着长长的竹竿，赶着鹅群浩浩荡荡地上路了，阿六好不得意，时不时挥挥竹竿，亮起嗓子吼一声，觉得自己像天上的牛郎赶着一片白云。没走多久太阳就出来了，雨后的河岸本来生机勃勃，恨不得掉一根筷子就给你长出一棵竹笋来，经太阳暖暖地一烘，地衣就猛长了。阿六拣了一草帽，趁晚上没人看见，对宝丰说回去拿点东西，偷偷溜回来送给红云。第二天宝丰老婆来送饭，打开镶子就看到了一个时鲜菜：大蒜炒地衣，宝丰老婆说地衣是红云拣得多,自己吃不了,送的。宝丰嗯啊地扯起了别的话头,阿六微微脸红。

吃完饭,宝丰说着说着就提起了红云,说着妇道人家养两个光头小子已不容易,还养猪、养鹅,养鹅又没经验,要死了一个倒划不来。我们反正一只鹅是放,一群鹅也是一样放,不如让她把那五只鹅拿来,和我们的鹅群一起放,叫她做点饭给我们吃就算扯平,只是要偷偷地不让别人知道就好。"你说可好?"宝丰征求阿六的意见,阿六赶紧说:"就是,就是,我不响的。"宝丰老婆第二天送饭时就用竹篮提来了红云的五只小鹅。为了便于区别,在每只鹅的尾巴上擦了点红药水。五只"靓鹅"被其他鹅一阵追逐,很快便融入"革命大家庭"了。

鹅群在往前赶,离家越来越远了,过往的路人也越来越少,日子寂寞起来。午后的太阳晒得人懒洋洋的,看宝丰在照看着鹅群吃草,阿六偷个懒,用草帽盖住脸,就躺在草地上打盹。躺下就做起了美梦,梦见一大群蜜蜂在采蜜,采了蜜都吐到阿六家的洗脸盆里,阿六乐得不行,端起脸盆就想喝蜜,却有一个蜜蜂钻进了他的鼻子,痒得他直想打喷嚏。猛的醒来一看,却是红云拿草茎在搅他的鼻孔,晕得他不知是在梦里还是在现实生活:"你怎么来了?""今天队里不干活,我来看看我的鹅。"红云说。"看鹅? 你的鹅在那边呢。"阿六指着前方,不远处宝丰坐在地上,眼望鹅群,呆呆地抽烟,像一个千年老树桩。

············

麦子快要成熟了,地里的草也老了,当初的乳鹅像吹了气,膨胀成胖胖的大鹅了。宝丰和阿六脸晒得黑黑的,吆喝着嘎嘎乱叫的鹅群凯旋归队。生产队男女老少都惊喜地看着这一群迎面扑来的宝贝,展望着自己日后的收益。

阿六看到笑得最灿烂的脸,是红云。

二十、猪贩洪福

猪贩就是苗猪贩子。洪福年轻时就偷偷摸摸做这个营生。因为割资本主义尾巴,"贩子"几乎和"四类分子"一样臭名昭著,并且也一样属于打击对象,所以洪福永远是做贼一样的提心吊胆,生产队里对洪福的生意经也都睁一眼,闭一眼。

无锡农村,每个镇的集市都有固定的苗猪交易日期,一般是十天交易一次,有的逢五,有的逢八,周围乡镇相互错开,绝不冲突的。买卖苗猪的日子叫"甬",逢甬的日子还交易竹木制作的生活用品和常用农具。这一天只要不是农忙季节,大家都可以找个借口上街看一看,所以街上特别热闹。窄窄的街道里涌满了人流,黄石条的地面上尽是男男女女蠕动的脚,提了大篮子的,只得把篮子举到头顶上。整个街面一片哗哗的人声。苗猪交易在菜场旁边的一块空地上,这里更是热闹——除了鼎沸的人声,还有苗猪的尖叫。

在这样嘈杂的市声里,洪福两眼放光、精神抖擞,像个被猛抽了一鞭子的陀螺,在人堆里旋来旋去。当然他眼睛里只有猪。

洪福贩猪有三个过程:第一是"瞟",第二是"收",第三是"卖"。"瞟"就是不经意地看货,洪福的"不经意"当然是假装出来的。卖苗猪都是论斤卖，以一百斤为单位，叫一担。"多少钱一担？""七十五（元）。""这猪多少斤？""大概二十斤，你可诚心要？诚心要就去称一称。"卖猪人自己不带秤，市场管理委员会有专门的人员在那里掌秤，防止短斤缺两。洪福的眼睛毒，他"瞟"的是那种架子看起来大，但分量却不重的猪，他给这种猪起个绰号叫"薄皮棺材"。洪福看上了哪头猪，并不马上成交，他先满不在意地用脚尖把那"倒霉蛋"拨一下，然后对着主人嫌贬一番，列举的都是这畜生的短处，句句打中要害，听者得出的结论是：谁买谁倒霉。说得主人双手冒汗，两眼黯然。"不过它要碰到行家，打一打肚里的虫子，青糠催一催膘，说不定还养得出来。"最后，洪福往往"不经意"地泄露一点经验，在主人将要和他套近乎的当口，他却失望地摇摇头，走开了。主人"喂喂"地叫，他也听不见。

日头南移，闹市将过，洪福无意中又转过来了："嚯，这猪还在呀？有人要吗？"他问，此时的主人已没了信心，说着好话要把这"烫手山芋"塞给洪福。洪福打了几个哈哈，就狠狠地杀价，最后，主人忍痛叫来市场管理人员过秤。洪福说你这猪吃得太饱了，一肚子的糠，还要去掉两斤。卖猪人无奈，嗫嚅着收下对方打了折扣的钱。洪福拎起苗猪就走，他完成了第二个过程"收"。其实在这之前，他并未走远，人在别处，眼在这里：他一直远远地留意着，要是有人要成交，他一定会"无意中"钻出来，很"友好"地搅黄。

洪福把猪拎到一个妇女跟前，那里已经有几头猪了，他不再去转悠，他要开始第三个过程"卖"。洪福站定，掏出根烟来抽，那妇女就走开了。有人来看猪了，洪福不紧不慢地一通介绍，说这猪有多重（比过秤的分量起码多说五六斤），身板又这么长，它妈妈又是多么地高大健壮，以后一定长得快。听得那畜生躺在地上激动得直打战，其实是肚子憋得急，想拉，却被新主人在肛门上抹了清凉油，有货拉不出，难受。"我是穷人的命，贱啊。你看，这猪好好的，正在长头上，却没钱买饲料了，要不我会犯傻卖吗？"听者虽然对他的话将信将疑，但对他说的猪的分量倒是相信了，看起来是不小啊，就讨价还价，洪福不愿让步，争执了几下，买者有退意了。一个女人过来，问了几句，说："分量倒是有的，只是价钱贵了点，你要是让掉五块钱，我就拎走。""五块？刚才这人想让两块我都不肯，看你有眼光，也诚心，就让两块吧。"那妇女也不是省油的灯："也亏你是个男人，这么小气，哪个女人跟你哪个受罪。要不四块吧？""三块！但不再找管理员过秤了，省掉管理费。"洪福一咬牙。"可以，分量我倒是信得过的。"那女人说。让利三块要成交了，旁边刚才那人不让："我先谈的价，我早要了，凭什么你拿走？"洪福只得做那女人的工作，最后旁边的那人掏钱，拎猪走人。

洪福有时候也会从家里带几头猪来卖，那是他上一角或前几天在别的镇收的"回角猪"。那猪命苦，落到了又穷又没经验的人手里，吃的是开水泡稻柴糠，胀得屎都拉不出，但是没营养，不长肉。养了两三个月，还是这么大，毛色发红，腿脚发青，一副可怜相。养猪人灰心丧气，拿到街上来贱卖。不是老手不会要，洪福看见却满心欢喜，论个头，压分量买下来，养在家里，好饲料催得转了气色，再拿到街上论斤卖。在他嘴里自然又是一头"前途无量"的好猪。

……………

日上三竿，市场冷落下来，洪福的猪也卖完了。他去饭店里买了几个肉包子，和那女人说说笑笑回家了。

那女人是他老婆。

二十一、拉线莳秧

盛夏的天空,干净得耀眼,只有白亮的蓝。几朵流云也像烘箱里的游絮,碰到什么就会碎落的样子。太阳尽管偏西,但还是倾泻着暴热。

在这样的毒日头底下,是一片浩大的银亮的水面,那是耘平的水田。阡陌纵横交织,把它分割成一副硕大的棋盘,一队队的兵卒分散在其间,弯腰屈背排成行,随着哨声往后移,身前的水面,被他们染成上了一层绿。这是插秧的季节了,附近好几个生产队的社员们都在田里"拉线莳秧"。

公社为了追求亩产"超吨粮",世世代代种"单季稻"的田里改种了"双季稻"。早稻已收,晚稻插秧就要争分夺秒地和这炎热抗衡。也是为了同样的理由,追求密植,有人就发明了"拉线定点莳秧",社员们简称"拉线莳秧"。以往莳秧,一个人管一趟,两根绳子左右一拉,一趟莳八行秧。这叫"经绳莳秧"。拉线莳秧不同:一条细绳上用玻璃丝打好了结,一个结就是一行。也是一个人管一趟,但一趟要莳十二行。莳秧时两旁田埂上各站一人,用棍子把秧绳卷紧、绷直,社员们沿着绳子站成一排,各自管好自己的那一趟。弯腰、插秧,再抹平脚印。岸上人一声哨子,就表示这一行结束,要往后移绳子了。手脚慢的还没插完,只得说好话,叫旁边的帮忙。不过队长排队时心里就有数，快慢早搭配好了。

拉线莳秧是高标准，要做到横看直，竖看直，斜看一样直。而且，劳动力排成长长的一队，行动整齐，哨声起伏，场面壮观，岂不把小农经济的经绳莳秧比得落花流水？这个新生事物就被公社以革命的名义来推广了。公社规定：百分之一百拉线莳秧，绝不允许有一棵不经绳的。公社干部都蹲点到各个大队，会同大队干部转战田头，手拿标尺，量株距、行距；眯起眼睛，瞄是否"三直"。看到干部们过来，叽叽喳喳的田头顿时鸦雀无声，手脚再快的，也不敢直腰抬头，唯恐干部"看不顺眼"。手脚慢的更是两腿发软，生怕被点名到大队去上学习班。干部转一遍走了，可到傍晚天黑又杀回马枪，这次是来检查是否有偷偷摸摸搞经绳莳秧的。

队里有块偏僻田，形状不规则，田岸又高，没法拉线莳秧。队长焕荣想等天黑了让大家收工，自己带几个快手去打打游击，反正几支烟的工夫就完事。拉好了绳子，每人一趟，焕荣拣靠田埂的一行，一来最长，二来可以时不时地跑上田埂侦察动静。他侦察了几次没异常，天又黑尽了，就一门心思借着星光莳他的秧。终于屁股靠上了田岸，到头了。他抹掉腿上的泥，直直腰，走上岸来。"老张，搞小农经济这么卖力啊？毕竟是见不得人的勾当吧？偷偷摸摸的。"岸上一个胖胖的黑影，面熟，声音是难得听见的外乡音：啊，公社一把手，包书记！

第二天，包书记就叫来拖拉机，毫不留情地把那块游击战的成果耕掉了。他说革命不是请客吃饭。张焕荣队长则自觉地来到大队部，用他两年级的文化水平写深刻的检查。幸亏是老先进，一纸检讨、半天训话，大队书记就让他回了队。

小青年阿王就没有这么好的运气。阿王高中刚毕业，雄心壮志，要在广阔田地大有作为。别人学莳秧都混在队伍中间，让快手帮着，自己少莳几行，一样混工分。阿王心高气傲，混了两次觉得没面子，想尽快学出个样子来。一天饭后，别人休息，他溜到田里。没人拉线他就拉了绳子，用隔夜的废秧练莳秧。又被神出鬼没的包书记逮住，一个毛头小子怎么辩得过久经考验的公社书记？抓到大队，上了十天学习班。最后检查书写两张：一张贴在大队标语栏，一张贴到自己生产队。

莳秧是最累人的活，"面朝黄土背朝天，弯腰屈背几千年"说的就是它，一趟秧一百米长，要莳三个小时，腰酸背痛，腿抽筋。最后终于莳到了田埂边，刚学生活的小后生，就再也挺不起腰，伸不直腿，虾米似的往田埂上一滚，大叫："啊，舒服死了。"慢慢地才能站起。莳秧苦，除了累，还要被蚂蟥叮，蚊子咬。拉线莳秧，定时移动，腿上叮了蚂蟥都来不及扯，只得让它吸饱了血，心满意足地"滚蛋"——蚂蟥一吃饱还真像一个蛋。蚂蟥一滚，红红的血就渗过腿上的污泥淌下来，一条腿上叮三四条是常事。傍晚的水田里，真正是聚蚊成雷，嗡嗡的轰鸣伴你左右，人一出汗，蚊子咬得更欢。

这还不是最苦，社员们都知道，最苦的是憋尿。夏天喝水多，有时疏忽了忘记解手，中途只有干熬，男人还可以说"急死了，急死了"，妇女只有哑巴吃黄连。岸上拉线的要是憋了尿，那个罪就受大了，别看他站直了腰拉拉线轻松，却要吹哨子。吹哨子就要憋气，两头都憋，到最后就出洋相。一声哨子前半个音是"嚯"，后半个音却是"嘘"，人们一愣，看去：只见他脸色通红，裤裆透湿——这不是偶然的笑话。

二十二、进城觅宝

农业学大寨，粮食要高产，肥料永远都不够。刮净了河底，铲光了草皮，最后大家拓展思路：进城收垃圾。收垃圾是辛苦活，三人一伙，摇船进城。每天天不亮就要出动，挑副箩筐，赶在清洁工人上班前挨家挨户找垃圾。城里人的垃圾都倒在家门口，簸箕扫起，倒进筐里，这一路收过去，顺利的话，三天就可以收满一船。回到村里，拣掉破布头、烂棉絮，剔除碎玻璃、废铁片，就是好肥料。

伯林是第一次进城干这活，看啥都新鲜。然而，真应了一句老话：看人挑担不吃力。在家里看着人家三四天就摇回一船，轻轻松松赚工分，觉得这活简单。没想轮到自己却处处碰壁，船停靠在三里桥，凌晨黑乎乎地起来，转悠到日上三竿，只收到两摊垃圾，薄薄的一层盖不住筐底。肚子饿得要死，却不敢上船吃饭。三人一分析，明白是摸了人家的屁股。那年头种田真是殚精竭虑，你想了一个好主意，不用三天就让人家学了去。你会进城收垃圾，我也不是不认得城里。你老马识途，熟门熟路，我笨鸟先飞，起得更早，于是按部就班的伯林他们就吃了亏。

他们决定第二天起得更早。

闹钟拨到四点半，哐啷啷一阵响过，三副担子就上岸了。一领先，处处就主动，这时，静静的街道没一个人影，唯见一摊摊可爱的垃圾好好地堆在那里——静静地等待着他们。伯林他们觉得这垃圾从没有过这样的亲切，一顿饭工夫，每人已收了七八担。尽管已经汗水涔涔，脚步却更轻快了。天色渐渐放亮，行人陆续走动。“垃圾！咳——垃圾！”忽然，临街的楼上传来一个吆喝声，伯林抬头一看，二楼第三个窗口，一个四十多岁的男人探出脑袋在对他说话。伯林感到一阵温暖，立即一溜小跑上楼去，到二楼一看，过道里光溜溜的，哪有垃圾的影子？再看那户人家，大门紧闭，灯光已熄。伯林忽然明白过来：“这狗东西，不是分明骂我垃圾吗?”顿时一股热血涌上脑门。伯林憋一憋气，下楼来，对二人说：“这里差不多了，我们挪个地方吧。你们先上船，缆绳解开，等我。”

伯林顺手操起一块断砖，奔到楼上，对着那第三扇门，狠劲砸去。只听嗵的一声，那断砖砸破了薄薄的门板，蹦进那家屋里，里面哐啷啷的一片乱响。伯林飞身下楼，跃上船艄，同伴一篙撑开，紧摇几橹，船就到了河心。再看那家窗口，依旧漆黑不见开灯，却传来男女对骂声，伯林笑骂一声“缩头乌龟”，开心地摇着船。

伯林真是年少气盛，事后村里上点年纪的人开导他：“挨城里人骂是家常便饭，你要生气那还要不要吃饭？只要收到垃圾，管他骂什么?!”其实伯林心里也明白，慢慢地也就习惯了。

当天他们的船转移到了吴桥。吴桥是城乡接合部，以前流浪过来的外乡人大都定居在这里，人杂、垃圾多。一个大清早就收得半船，好运还在接踵而来。伯林出了一条弄堂，拿眼往大马路上一扫，只见弄口拐弯处一个大铁桶戳在那里，上面盖着一条破烂的草包，走过去推一推：稳稳的、沉沉的，好一桶垃圾啊。伯林心花怒放，赶紧叫来同伴，两人用杠棒一抬，吭哧吭哧就往船上去。到船上，掀开草包却倒不出东西来，一看，傻了眼：哪里是垃圾啊，原来是一只柴油桶改制的烘大饼的炉子，里面塞满了耐火砖——怪不得这么重。干这活就像做贼一样，偷来东西浑身有劲，一旦泄了气要物归原处，却重如千斤，挪不得半步。无奈之下，两人一用劲，一下就把炉子推进了河里，没想到那东西一入水就呼啦呼啦直冒气泡，河心像开了锅，岸上要是过来一人，就看得清清楚楚。他们慌了神，赶紧撑篙开船。刚摇几橹，不远处两个穿白围裙的人就推着小车走来了，一定是烘大饼的人。幸好河面上的动静没有纳入他们的视野……

三天下来，垃圾已经堆到了舱口，明天再加把劲，一个早工下来，吃过早饭就可以开拔回家了。前几天一直犯愁，这时伯林心里轻松多了。天气也热，三个人躺在船上的暗舱里闷热得不行。吃完晚饭，伯林邀上一个伙伴就往市中心逛。一路店铺林立，车来车往。闻着汽车排出的废气，他觉得特别的幸福。每有汽车跑过，他总要深深地吸一口："这味道真香。"这时的他特别羡慕城里人！

到城中公园门口，场地开阔，行人稀少，有凉风习习，无蚊蝇骚扰。再一看公园的石阶：平坦坦，亮光光。伯林好不惬意，到别处拾来一块砖，放在石阶上，说："今晚我们就躺在这里，也算做一回城里人了。"同伴也高兴，躺下身来，不多时就鼾声大作。

伯林睡不着，他在数城里天空的星星。

二十三、吃饭问题

生产队成立之初，为了体现人民公社的优越性，动员社员们拆掉了自家的锅灶，把粮食归到一起，在生产队办食堂，吃起了真正的大锅饭，美其名曰"吃饭不要钱"。

如此好事空前绝后，社员无不欢欣鼓舞。因为粮食充裕，炊事员兴趣浓厚，新办的食堂红红火火，香飘十里，真正是锅大、饭香、菜肴美。干部教育社员们要放开肚皮吃饭，鼓足干劲生产。对干部的指示，大家义无反顾，不折不扣地执行了前面半条，至于后面的自然就只能算作干部们的一厢情愿了。到后来，这条指示就被聪明人篡改为放开肚皮吃饭，想尽办法偷懒。其实，按照当时的生产水平和上缴负担，要想真正无所顾忌地吃饱饭，几乎是不可能的。放开肚皮吃饭不过是为了渲染集体食堂的优越性而提的口号而已，开始必然是寅吃卯粮。

两三个月以后，锅里的东西就寡淡了，吃饭开始成为问题，又逢国家遭遇天灾，社员们亢奋的脸色渐渐暗淡下来……炊事员绞尽脑汁开始了"技术革新"。本来5斤米烧一锅粥，现在只有3斤米了，如何煮得稠？革新的办法是：先把米放在石臼里舂一下，倒出，用筛子分离。筛子里是碎米，放进锅加水煮烂，这时的锅里真是一泓清水，米粒历历可数。到开饭时,把筛子下的米粉调成糊,倒进烧开的锅里,搅匀。一锅清水就变成一锅米糊了——眼睛看起来舒服了许多。但三碗粥下肚,跑到门外变成一泡尿,立马又饿了。做团子也用了新技术:割来红花草,切碎揉烂,捏成团状,在薄薄的米粉上滚一身白色,装进蒸笼里蒸熟。吃这样的团子必须小心翼翼,要用手掌托着:咬第一口团子就粉碎了。这个产品还有个漂亮的名字叫"解放团"。

炊事员开始成为大家的监督对象。春苟因为脸色明显地比别人好,引起了众人的嫉妒,在一次把未熟的米粒捞出一把准备享用时,被在门缝里监视多日的阿根当场拿获。此后,食堂就有了监督员。一次监督员因为地里活忙来晚了一步,进门看到春苟在舔嘴角,就问:"又吃了什么?"春苟说:"别急,不过是吃了个煨山芋。"监督员想发火,春苟安慰他:"我们吃的是小的,给你留着个大的呢。"他向烧火的妇女奴奴嘴,那妇女从灶火里拨出一只滚烫的煨山芋来,只半个拳头大,那宝物已煨得焦黑,表皮裂开一道缝,露出里面糯黄的肉,冒着摄人魂魄的香气。监督员笑眯眯地一把抢过,在手里拼命倒腾,嘴里嘶嘶地吹着。春苟说:"我们吃的比你的小多了,你把山芋皮给我吃吧?"监督员哼了一声,头也不抬,就跑到里间去了。"哎——没良心。"春苟叹一口气。

......

粮食越来越少,食堂办不下去了,最后上面决定解散食堂,每人每月定量供应糙米 17 斤,小孩分 7 斤,分到个人,自己开火仓(做饭的意思)。17 斤大米按当时一般社员的饭量,只够吃七八天。吃米饭是别想了,就是稀粥也喝不周全,社员们找野菜,剥树皮,挖观音土,千方百计骗饱自己的肚子,吃得排泄都成了大问题。饭后洗碗也要每个家庭成员轮流,为的是可以舔刮锅里、碗里残剩的一点粥糊,兄弟姐妹间,为争舔一只餐具而打架已是司空见惯。社员的身体发生了变化:皮肤变亮了,手指按一下一个坑;肚子鼓起来了,浮肿病在村里流行。原来的猪饲料成了人的救命稻草,公社根据浮肿病人的病危程度象征性地救济一点米糠,但是能分到这一杯羹的微乎其微。

镇上商店里和菜市场也有食品在悄悄地供应,巴掌大的桃酥饼,谓之"高级饼",两块五毛钱一个,鸡蛋每个两块……有以前的殷实人家,用一枚金戒指可以换得五个高级饼。村上秀娣的丈夫阿涛在城里当工人,一次发了三十五块钱工资回家过礼拜,念及老婆孩子都在饿肚子,买了十个高级饼带回家。城里到生产队三十里路,乘轮船三毛五分钱,阿涛想省下这笔钱,开动两腿走。以前每逢周末下班早,他也这么走着回家,三个多钟头也就到了。没想到最近在城里也经常饿肚子,走着走着两腿发虚,脊背冒汗,肚子咕咕叫。包里的高级饼时不时地发出巨大的诱惑。阿涛意志薄弱,挺不住了就掏出一个,边咬边发誓:就吃一个!可等吃完了第一个,诱惑反而更大,他的手又向包里伸。阿涛再发誓:这是最后一个。不一会,手再伸,这次是掰下半个,阿涛的誓言就改成:这是最后半个……

阿涛发了一路的誓,到家时只剩下了半个高级饼,老婆气得大哭一场,阿涛也哭。

生产队派宝林他们三人摇船到镇上运大粪,空船驶到运河里,一列船队迎面而来,是城里运输公司的运煤大船。正是做饭时光,每只船上都有锅灶在冒烟炒菜,馋得三个人直流口水,自己船上不过带了几只熟山芋。恍惚间三人都做起了吃他一顿的美梦,船偏了方向都没注意。前面是个弯道,对面一条大船斜插着拐弯过来,几乎近在咫尺,眼看马上相撞,宝林奋不顾身,几个箭步朝船艄奔来,伸手就去抓船艄的那只篮子,慌得后面摇橹的两个人大叫起来:"你干什么,你干什么?!"

在平时,这样危急时刻,船头的宝林的正常反应应该是操起竹篙顶向来船,如果碰撞已不可避免,就要毫不犹豫地拎起麻编的靠球,挡在可能碰撞的部位,以缓冲撞击。幸得后面两个人机敏,紧急时刻猛扳几橹,错开了船头,只是船艄和对方擦了一下,掉下一块水泥。

　　两个人大骂宝林昏了头,并对他的举动大惑不解,再三逼问,宝林坦白:"这篮子里不是放着我们的中饭吗? 我想抢只山芋,掉到河里也做个饱死鬼。"

二十四、乡村小学

在生产队西头,是一片黑魆魆的竹林,竹林旁边有一个宽敞的院落,已经陈旧,斑驳的墙面坑坑洼洼、灰白的瓦缝里长满了高高矮矮的瓦花。这院落矗立在风吹涛响、野物出没的竹林边,显得像一个寺庙——那是我们的学校。

学校建筑分前后两进,中间一个天井,一共五个房间,一间是办公室,一间是老师的宿舍兼厨房,还有三间是教室。三间教室里开着五个班级,除人数最多的一个年级可以独享一个教室之外,其余就只能两两合并。两个年级在一个教室上课,这叫复式班。

紧挨着学校西墙住着一户人家。这学校早年是一个祠堂,这户人家是看祠堂的。这家的孩子最令人羡慕,别人要早早到学校,他们兄弟几个不用。听第一遍上课的预备钟声敲响,立刻从被窝里跳起来,拎起书包跃出厨房间的窗户,就到了学校天井,进教室还正好。上完第一节课,再从学校跳进自己厨房吃早饭。这户人家还养着几只大绵羊,一听学生早读,它们也会大声和上来凑热闹。每天早晨,轰轰烈烈的读书声汇着一声高似一声的羊叫,从破旧的校舍里传出,竹林里早有各色小鸟在啾啾应和……比起生产队的紧张、忙碌,这里像一个世外桃源。

这个学校的老师教复式班可能是最有经验的,因为在我印象中,学校一直只有三个老师,三个老师看起来还应付得游刃有余,每天九点半,远处的高音喇叭里田头广播节目一响,就有一位老师要布置学生抄写作业了,布置完作业他就去做饭。

在学校吃饭的是两个老师,所以做饭也是两人轮流,这是多次吵架的结果。按理做饭最好专业化,选定较为擅长的一人常年负责,但据说这样不利于安定团结。尽管吃饭前一锅饭一划为二,各吃各的,但做饭的老师操作时往往越过疆界,把别人的饭划到自己名下,而且先吃了。晚来的老师看到剩下的半锅饭明显地不符合半圆这个几何图形,疆土丢失,心里有气,吵!吵一回好几天,做饭老师总结教训,在饭做得半熟时,用勺子把半边饭压一下,另外半边就抬升起来。抬起的半边米多饭干,近水者先得月了,晚来者看着稀烂的饭直困惑。不过答案很快就被琢磨了出来,第二天他提前下课,捷足先得了那份胜利成果。

偷听二位老师吵架是学生们最开心的事,特别是中午留校的孩子,身子虽然缩在教室里做习题,耳朵却支棱在厨房里。一俟恩准回家,跑得飞快,把最新消息绘声绘色地传播出去,早忘了留校的羞耻和肚子的饥饿。

复式班里趣事多,一个年级在讲课,一个年级就做作业。三五年级合一个班,兄弟在一起。五年级的哥哥回答不了问题,老师为了羞辱他,叫起埋头写作业的三年级的弟弟,弟弟怯怯地看一眼老师,再看一眼那木头般戳在那里的哥哥,吸一吸鼻子,突然亮开嗓门叫出答案,老师一脸得意,哥哥满脸通红。两个年级也有同时上课的时候,那是政治课。政治课一般念报纸,高年级学生知道政治就是革命,最重要,低年级学生却听不懂。建中本来是个笨学生,有点傻气,他父亲是个磨剪刀的。上课无聊,拿出家里带来的精致的磨刀石,在课桌里丝丝地磨他的削笔刀,惹得后排的同学羡慕不已。建中难得有出风头的机会,把刀磨得锃亮,看大家眼红,于是就人来疯,他拉住前面同学的耳垂,用刀子比画说:"我来试试,看刀子磨得快不快。"后面的同学激他:"你敢呀?"建中真的一划，前面同学哇的一声大叫，血淌下来。课堂顿时乱了，那同学的哥哥读五年级，立刻跳过来，揪住建中的头发就打，建中的堂哥也在五年级，就来帮……

三位老师中，最和社员亲近的是曹老师，曹老师每天上街买菜，吃得好，肥头大耳的。社员们喜欢他滑稽的形象，而更主要的是他有一块手表，大家随时可以从他那里知道精确的时间。曹老师看表有一绝，不但看得快，而且报得准。早晨他上街回来，村口别人问他："曹老师现在几点？"曹老师右手往胸前一挥，根本不用停顿，时间马上报出："七点十六分半。"精准得好像要去发射原子弹似的，惹得大家窃笑。以后遇到他，不管有用没用，第一句话一定是"曹老师现在几点？"

三位老师都是男性，都不会说普通话，可不知怎么回事，有一段时间却老是说普通话，害得学生对老师潜质的突然发挥诚惶诚恐，以为这是世界上最标准的普通话。赵老师上课第一句话一定是："统学们（同学们），兴才啊，窝们（现在呀，我们）上课了。"班上有个学生叫李兴才的，那一阵很走红，大家都嫉妒他的名字。

刘老师高高的个子，光光的脑袋，对学生最凶，又是校长，学生最怕他。那一年却倒了霉，不知怎么回事，那年暑假，大队里天天叫他做检查，把他紧张得瘦了好几斤。被逼无奈，刘老师苦着脸向书记求情："老张啊，我一碗饭都吃不下了……"大队治保主任无意中在村上说起了这事，惹得大家开心不已。玩游戏时，就有一人扮作刘老师，怪声怪调地哭诉："老张啊，我一碗饭都吃不下了……"开学前几天，刘老师又到学校来了，从村头走过，一群孩子躲在柴草垛后面，齐声大喊："老张啊——我一碗饭都吃不下了……"连喊几遍，由于是异口同声，刘老师辨不清谁的口音，只是远远地朝这边张望。没想到最后一句太得意了，阿娟多喊了一个"啊"，别人都已结束，就她还在"啊"，被刘老师听出，告诉了她打铁的父亲。

晚上，阿娟被铁匠父亲吊在梁上打了一顿。

二十五、脚炉暖意

冬至过后，日光就吝啬起来，淡淡的像掺足了水的米酒，不带一点劲。天空里常听得寒风在呜呜呼啸，追杀着早已远遁的一点可怜的暖气，地早已冻成白森森一片，连好动的公鸡也冷得迈不开步，躲在柴垛缝里对着母鸡叹凄凉。

家里能穿的都裹到了身上，把个身子撑得像圆鼓鼓的米囤，臃肿得甚至到了夸张的地步，尽管这样，还是抵不住洞穿四壁的冰冷。这时，家庭主妇就请出了御寒的法宝——脚炉。江南的脚炉都是铜铸的，圆圆的像篮子一样的炉身，上面是一个布满洞眼的，像筛子一样的盖，炉身上钉一个活动的拎襻——让你提着走家串户赶热闹。

脚炉尘封了大半年，有点铜绿了，拎出来，擦一擦，又是亮亮的。往炉底铺一层厚厚的木屑，从烧早饭的灶膛里用火钳夹出红红的稻草灰，盖在木屑上，压紧，盖上脚炉盖。一阵丝丝缕缕的轻烟散尽之后，脚炉里的木屑就燃着了——没有烟，也不见火，却发着恒定的、持久的热。炉底是凉的，炉身也只是温热，只有炉盖上有点烫手，你要是戴一副手套去烘就正好；脚穿一双布鞋搁在上面，几分钟后，脚底就发热了，但不冒汗，只觉得满身的温暖。这样的热持久了半天，你会感到它有点乏力了，掰开炉盖,看看中间的炉灰原先的黑色已经褪成灰白,而四周依然黑黝黝碳色正浓。你用一块木片沿着炉壁插到底,把边缘的灰往中间撬一撬,抹平,盖好盖子,顷刻间脚炉又热力四射了。

如果没有木屑,可以用砻糠——就是稻谷的壳,一样的发热,只是持久性差一点。

脚炉真可算得上一项不平凡的发明,原料是那样普通,操作携带又是那样方便,在天寒地冻的日子里,它紧随你左右,它的温暖是那样的可靠、实在,它简直就是老弱病残者生存的希望。在有太阳的日子,常常可以看到家门口放一张破旧的藤椅,上面端坐一个穿着厚实的垂暮老者,面带微笑,和身边的那只懒猫一起晒着太阳。他的脚上是一双今年媳妇新做的棉鞋,而脚下一定是那只家里最大的脚炉——看得出这家户主是个孝子。

是的,脚炉有大小之分,大脚炉几乎是一个模子铸就:一尺差一寸那样的直径,光光的身子、光光的盖,单襻圆眼,平平实实,一副居家过日子的模样。小脚炉则不拘大小,也不定式样,质朴花哨全由着匠人的喜好来发挥,有八角形的、梅花形的、莲藕形的……襻必是双襻,眼也是花眼。这样的脚炉,可以用精致二字来形容。老太拎在手里顿显华贵,姑娘提在手里更见玲珑,但要是老头端在手里,就不伦不类了。

然而,不管大脚炉、小脚炉,在大人手里都只用它取暖。脚炉只有在小孩那里,才是一只生动活泼的脚炉。

用脚炉炒瓜子是雕虫小技。撕一张练习本的纸,压在抹平的炉灰上,撮一小撮瓜子均匀铺在纸上——必须是南瓜子,皮薄容易熟。手捏一双筷子,慢慢地把瓜子翻动。纸张在渐渐地变硬、发黄,瓜子也在慢慢地变黄。叭,突然有颗瓜子爆裂了,两片薄薄的壳像鸟嘴一样张开,露出里面雀舌一样的饱满的瓜子肉——那是一种馥郁的、饥渴的诱惑,但你舍不得吃,只对它笑眯眯地看。又是叭叭几响,成熟的高峰来了,赶紧一颗一颗地夹出。到纸张的某一处黄色转成焦黑,又缕缕冒烟的时候,皮最厚、性子最懒的那颗瓜子也叭的一下爆开了,于是,一撮热热的、香香的瓜子就到了你的口袋里,或者到了周围看客们的嘴巴里。这样的冬天是不冷的。

如果还想吃瓜子,就再撕一张纸。不过老是炒瓜子是乏味的,还是爆一点炒米花吧:到门前的稻草垛上找几株稻穗,直接压在灰上,两三分钟过后,一颗颗的谷粒都炸成一朵朵的炒米花了。然而,最有趣的还是煨蚕豆。

第一道工序总是把炉灰抹平,拣饱满、青亮的大蚕豆一颗一颗平放着,半埋在灰里,眼睛不能离开。蚕豆不断地被加热、加热,忽然,豆壳鼓起来了,像充了气一样,用筷子夹起:埋在灰里的半面已经发黄。换一面再埋到灰里,不多久叭的一声脆响,豆壳爆裂,气浪把炉灰迸射得一尺来高,差点飙到你的眼里,烟雾中那颗蚕豆已崩到一边,夹起来——这已是一颗成熟的蚕豆了。还可以人为控制蚕豆的鼓胀:当蚕豆被煨得发烫时,用手指蘸一点自己的唾液,轻轻地点到豆壳上,你等着看吧,不用多少时间,蘸了唾沫的部位就肿起来,肿起来,最后鼓成一个高高的包,小孩们叫它"妈妈"——无锡话里"妈妈"就是乳房的意思。调皮的小孩就会指指别人的胸脯,讪笑。被指的人就生气起来,反击说:"你自己没有吗?"

煨蚕豆是要细心的,要点好数,因为一颗蚕豆的爆炸会把旁边的另一颗掩到灰里,你要不找出来,等你工作结束,盖上盖子以后,它就在里面冒出呛人的烟来,弄得屋子里煳味弥漫。

家里生活好一点的小孩会把脚炉带到学校去,但不过是一种炫耀而已,一般都是方便别人的多,真正自己用的时候反而很少。即使同学不借也会被老师暂时没收,原因大都是下课时煨了蚕豆来不及取干净,上课时静静的教室里突然叭的爆响,炉盖的洞眼里冲起一股灰尘,紧接着一阵香味飘来——蚕豆熟了。要不就是埋在灰里的蚕豆不知趣地冒出烟来。老师正愁没有正当的理由取暖呢,他一步步向你逼近,严厉的目光盯你一阵,在你心虚气短的时候,果断地命令道:"拿来,没收,放学时还你。"

二十六、夜色诱惑

　　生产队的夜,朴素、静谧,社员已经实实在在地累了,屋子里灯光昏黄,社员的眼睛比灯光还要暗淡。村前的小河荡的是疲倦的波,水边的垂柳挂着慵懒的叶,只有虫子知道人的寂寞,在轻轻地唱。

　　村子里忽然热闹起来了,轻灵的、雀跃的嘈杂把屋外的夜搅得活了起来——是孩子们的喧闹。嗓门大的在场上吼,腿脚快的则跳跃到各家叫。家务多的孩子刚吃完晚饭,还在洗碗刷锅、封煤炉、喂兔子……有人跑来喊了:"快点,快点,都在排队了。"这边赶紧马马虎虎抓几把草往养兔的缸里一丢,朝门外奔。"早点回来,别……"母亲的嘱咐太慢,没追上夺门而去的他。

　　门外,全队二三十个"红小兵"已经排成一队,排长正在队伍前布置任务。照例是喊口号:宣传毛泽东思想;提醒大人防火。其实,即使不算政治任务,也不会有人缺席的,谁能拒绝夜的诱惑啊?排长挥一挥手,口号就响起来,队伍开始蠕动。几十个嗓门在虔诚地喊,几十双眼睛在黑夜里看。口号简洁有力,都是人人会背诵的毛主席语录,防火谚语也喊得庄严神圣:"小心火烛、水缸满满、柴仓扫净……"

　　自己的生产队转过一周,就朝别的生产队进发。队伍行进在窄窄的田埂上,月光如水,洗得天地一派清朗;蛙虫乍声,更显四野无限寂静。孩子们为肩负宣传毛泽东思想的重任而自豪,也为夜色的神秘而陶醉,无不精神亢奋。隐隐约约,远处传来口号声,旁边生产队的红小兵也在行动了,这边赶紧扯开嗓门唱起革命歌曲来:"革命军人个个要牢记,三大纪律八项注意……"到村口,歌声结束,口号跟上……

几个生产队转下来,回到家门口,广播里正好在播送《国际歌》:中央人民广播电台的《新闻和报纸摘要》节目结束了,时间是八点半。乖巧的孩子要回家睡觉,贪玩的说时间还早,要玩捉迷藏,马上有人响应。划定了活动范围,就有一人被"公证人"蒙住了眼睛,站在原地不动,他是扮演找人角色的,而做"夜猫"的躲藏者则四散逃开,潜伏得越隐蔽越好。潜伏完成,一个代表人物说声"好",公证人手一松,找人的就开始"搜捕"行动了。第一个被抓住的叫"替死鬼",下一轮就由他扮演找人的角色。要是躲得太好,实在找不着,找人者可以要求他发一声"啊——",但往往你循着声音找去,人家又转移了。最后,找人者只得投降,说"你出来吧,我输了"。于是,输的这人便和"替死鬼"一起继续担任下一轮的找人任务。

捉迷藏是有详细活动范围的,一般河边船上危险的地方和树林竹冈吓人的地方不能去,去了就是犯规,也不会有人找你。

如果是秋收时节就好了,可以放肆地撒野。

稻子上场,脱粒以后,稻草便像小山一般堆在打谷场上,这小山就是孩子们的天然战场。从电影里看来的情节,也一直默默在心里复习,这时就可以大派用场了。先分定敌我双方,然后安排"兵力"及"武器"配置,一般都照"敌我"五比一的比例安排"兵力",谁要是把双方分配成一比一,那是缺乏起码的军事常识,说严重点,是污蔑革命军人。如果人数不多就会按十比一分配,而像扫帚、翻耙等作"机枪"之用的"重武器"都要归"敌方"使用的,当然最后必定被"我方"缴获。这些军事知识的掌握都要归功于那时的战争电影。一般的孩子都愿意当"敌人",原因是电影里看来的那些诸如"偷地雷""康平桥哨兵""汤司令"等等滑稽的表演正好有了模仿和发挥的机会，而"好人"就只能命令那些相对斯文的孩子扮演了。

"山头"上战争打得火热，那是小孩子的玩意，大孩子已经不屑于此，他们在"山脚"下挖地道。把稻草一个一个地从草堆上拔出来，拔出一个洞，再往里"开掘"就成了地道。地道拐几个弯深入了"小山"的腹地，在这里可以"挖"一个可容纳五六个人的"地下指挥室"，找来棍子支撑一下，"地下掩体"就像模像样了。掩体虽然幽暗，却实在是神秘，在这个失去了时间的空间里，"地道"竣工的成就感混着新稻草的清香，迷糊了少年的思想，外面隐隐约约的喊杀声、"枪炮"声刺激着少年的神经，他们觉得自己长大了，呆呆地想心事。

在稻草堆还没有被社员分掉的日子里，家里兄弟多、床位紧的就可以住在"地道"里了。和大人打过招呼，抱着被子就往洞里钻，一个挨一个像土蜂钻到蜂巢里一样。地道里煞是热闹，讲故事，演小丑，花样百出。手巧的孩子，拣了人家扔掉的废电池，在太阳底下晒几天，十几个串在一块木板上，点一颗公社电珠厂垃圾堆里拣来的次品电珠，地道里就大放光明。哪个人带了炒蚕豆、爆米花，谁的手都可以往他口袋里伸，绝没有小气的。闹到半夜，昏昏睡去，忽然内急，钻出洞来，外面的世界已是浓霜一片，偶有夜鸟做梦，发出一声怪唳，更显天地的肃杀。内急的人哆哆嗦嗦在霜地上浇出一幅地图，跺跺脚、嘴里呼着白气赶紧往洞里钻。

阿明是有名的遗尿大王，天天都在他母亲的骂声里醒来，只要天好，家门口必晒着他那条画满"地图"的、挥发着臊味的旧被子。他要住地道，申请了几年都没获准。这年长大了，指挥员又吃了他地里刚挖出的时鲜山芋，不好意思，就答应了，但规定两条：一不要他带那臊味的被子，二只能睡在进洞的第一个位置——以便内急时尽快地方便。

出乎意料，半个秋天住下来，遗尿大王彻底扬眉吐气，以后回家睡床，天天被窝干干的，再也不"画地图"了。

二十七、革命婚礼

前季稻秧已经莳下，生产队一百多亩水田一片淡淡新绿。清早起来，红彤彤的朝霞倒映在白亮的水面，小小的青蛙呱呱唱个不停，在这个全新的世界里它们欢喜得闹成一团，像小学的早读课，老师不在；大青蛙则间或喊一声，仿佛对着新栽的庄稼发出咏叹，孤芳自赏。

洪坚踩着露水把昨天新栽的几块田转了一遍，看看秧苗有无在水上浮，查查缺口是否漏水，见情况正常就想回去吃早饭。但时辰太早，除了自留地里，路上还没什么走动的人。洪坚只得再转远一点，看一看前几天插的秧。村里的年轻朋友昨天就约他上街。插完秧了可以休息两天，大家都松口气。洪坚说不去，有事呢。其实洪坚的事大家也能猜个八九成，知道他也要上街的，不过不是和大伙一起，而是单个人。但到了街上就有两个人了，他的"她"一定在什么地方等他。

为了不让大家顺便叫他一起上街，洪坚就"假公济私"——他是队里的管水员，转田头是他的职责。终于，三三两两地通往街上的大田埂上结伴而行的年轻男女多起来了，看到洪坚，远远地就喊过来："洪坚，你可以回去了，不要再磨蹭啦，我们都走掉了。"大家嘎嘎一笑，倒像青蛙的欢鸣。年轻人后面，是年长的社员，也是三三两两，挎个篮子，上街买点油盐或山芋苗之类的。

洪坚吃过早饭,就换行头。裤子是自己的,咔叽面料,去年夏天刚做,才穿三次。放得久了有点皱,用筷子撑着挂了一晚,褶皱已平服,看上去很满意。那件淡蓝色的确良衬衫是隔壁公社的表哥的,昨晚母亲就借了来。本来是可以向村里哪个借的,可今天都要上街,大家腾不出了。皮鞋是舅舅结婚时穿的那双,二十几年来一直压在箱子里,成色很是不错。细心的母亲还向大队办厂的采购员老四借了块钟山牌手表,洪坚说:"不用了,今天要朴素些,再说,反正已经公开了……"母亲说不上是喜是愁,心里乱糟糟的。

打扮完毕,拎起那只洗得发白的帆布挎包就要出门,却发现包是瘪的,洪坚看一眼娘,娘醒悟,赶紧跑进里屋,拿来一本"红宝书"塞进包里,叮嘱一句:"最好要把日子说定了啊。"洪坚嗯了一声,转身出门。

洪坚跑进街的时候,她果然在百货店门前了。她叫志英,圆脸大眼,中等身材显得两条辫子更长。见到洪坚,脸微微一红,就靠过来。毕竟,这是两人确立恋爱关系以来第一次在街上碰头。两人不说话,志英慢慢移步,隔开十几米,想跟着往公社院子里走,眼睛看着脚下的黄石板。

两个人认识已经半年多了,彼此都满意,关系发展也正常。只是近来连着出娄子,以至于闹得沸沸扬扬的。

其实洪坚这边在两个月前就已经"曝了光",春寒尚未散尽,子夜更是料峭。根生披件棉衣出门,他是生产队农技员,要到暖棚里为浸种催芽的稻种翻翻身。熟门熟路,也不用打手电,跑到暖棚旁边的柴垛缝里,却吓了一跳。两个柴垛间都有窄窄的一条缝,走得过一个人。根生埋着头想走过去,却听得有细微的动静,抬头一看:"啊!你们?"——眼前依偎着两个人,挡住了去路。见到根生,两人急忙散开,别转了头。根生看清一男一女,明白了是怎么回事,赶紧绕道而过。可脑子里老在反复刚才的一幕。进到育种暖棚,一拉电灯开关,啪的一声,闪过一片强烈的白光,一百瓦的大灯泡炸得粉碎,碎玻璃当啷啷撒了一地。根生心又是一慌,忘了关电源,划根火柴照了照,就去拧坏灯泡。幸亏穿的是套鞋,啊的一声惨叫,就倒了地。黑暗中洪坚跑进来把他扶起……

这边风波刚息,那边又闹出了"绯闻"。

六月将到,麦黄蚕老。谷雨孵种的春蚕,经过三眠蜕变,已经成熟,鼓鼓的身子,皮色发亮,就要上山结茧了。轮到志英养这熟春蚕,晚上要出来喂桑叶。本是两个人搭档,临时搭档吃坏了肚子,呕得爬不起来,捎信过来让志英一人"辛苦点吧"。其实倒也帮了志英的忙,那天正好洪坚去玩,平时在家里兄弟姐妹跑来跑去碍事,今天机会难得,就一起去了蚕室。

洪坚帮着抽箔、清渣,志英边喂叶,边拿眼看他。偶尔双目相交,脸上就泛出红晕来。在家里都是十五瓦的灯泡,有时人少还关了电灯,点煤油灯,光线昏沉沉的彼此看不真切。蚕室里都是一百瓦的大灯泡,亮如白昼。蚕们又都在忙着筹划自己下半辈子的生计,对两个人的心思毫不在意。没有了顾忌,乐得两个人顾盼复顾盼,眼睛里都是爱意。

沙沙声一片,那是蚕吃叶的声音。洪坚的喉头哽咽了多时,手微微颤抖。终于,他咳一声嗽,说声"我……"就挨过去,把志英抱住,挪到蚕台的阴影处,亲热起来……没多时,墙角里一个童声哇地大哭起来,随着哭声,靠在墙角的那只破蚕箔倒下,冒出一个男孩,眼睛不敢朝他们看,不顾一切地往门外跑去。两个人吓得不轻,彼此白眼对白眼,愣了半天。定神一看,墙角还有一摊水迹。因为蚕室门不锁,小孩玩藏猫猫,胆大的就躲到了里边。洪坚他们一进来,就把孩子堵住了。那孩子一泡尿憋不住,尿了裤子。

……

"绯闻"传到了在公社当革委会副主任的远房表叔耳朵里,表叔就带过信来,叫两个人今天去商量如何叫"坏事变好事"。表叔已经对洪坚母亲吹了点风,叫搞一个革命化的婚礼。正好上面也在号召婚事新办,面上光荣不说,还可以额外照顾买一条棉被。"我的亲戚就带个头吧。"

表叔说。

在表叔那里不费多少时间，就出来了。两人脸上都是羞涩的喜悦，眉间却有无奈的愁绪，分开时，尽管在街上，人多眼杂，他们还是飞快地拉了拉手。

二十天以后，就是七一，表叔把他们的婚礼安排在党的生日。这是破天荒的婚礼：不搬嫁妆、不放鞭炮、不办酒席，新郎在革委会副主任和公社妇女主任两位领导的陪同下，光荣地把新娘领进了家门。第二天，公社田头广播和自办的油印"战报"都大张旗鼓地宣传了他们的事迹。

二十八、芦竹苍茫

北塘河宽宽荡荡，水面映满蓝天白云，不紧不慢地向东流。两岸高高的芦竹，遮蔽得堤岸郁郁葱葱，密密的绿色似一堵墙挡住了岸上的风景，也把自己变成了河的绝佳风景。有风吹过，芦叶拂动起来，倒影落在水里，飘飘摇摇，被行船人看到，以为芦叶对流云动了情。

船是生产队里的猪草船，不大，三吨的水泥船，三格舱都高高地堆满了当天新捞出水的猪草，只一个人在梢头摇着橹。船身吃水不浅，却如一只硕大的水老鼠，轻快地朝前直钻。前舱竖起的长毛竹，有点弯，毛竹尽头那条绳子弧线一划便划到岸上，这是条纤绳。岸上有两个人在芦竹的那边，一前一后弓着腰拉船往前走。船上的猪草是长在河底的水草，碧水深处如丝绦般飘飘忽忽，嫩得像一汪水。说是猪草，其实是喂鱼草。生产队有鱼塘，三个养鱼人两个已中年，只有一个还没结婚，那是岳明。

岳明是个小伙子，精瘦。因为家贫，又赶上三年困难时期，没得吃，母亲养他到会走路就抛下他跟人跑了。岳明饿得嗷嗷直哭，也跑不动路。早晨，奶奶把他从床上背到门口，安顿他坐在那张自编的绳扎凳上，就忙自己的事。岳明睁开眼看一会儿身边乱跑的大鸡、小鸭，看厌了就开始哭，像一只奶水不足的病羊，啼叫不停，薄薄的肚皮一瘪一瘪的。哭累了歪头就睡。傍晚奶奶抱他回屋，作凳面的细绳嵌进了屁股的肉里，人抱起来，凳面跟着吊起，脱开时皮肉噾噾有声……到大一点了，跑得动路了就满屋乱转，找吃的，终于让他找到一大瓮咸菜干。咸菜干是咸菜煮熟切碎晒的干，酱红色的菜干表面一层盐霜，城里人看一眼就会咸得连喝半碗粥。岳明却像发现了宝贝，每天偷一大把，藏在暗处慢慢消受。咸急了就喝口凉水，两年下来，竟把一大瓮菜干偷了个干净。咸菜干吃完了，岳明也落了个气喘病，整天佝偻着背，动一下就张大了嘴，吁吁喘气。发育时气喘病算是勉强好了，身体却永远像条缺肥的丝瓜，干瘦，还伸不直。那年上面风声不紧，队里的水面放了一批鱼苗，队长看他可怜，就安排他去养鱼。

养鱼最苦的季节在夏天，夏天要去偷猪草。

自己生产队附近水域的猪草都被捞得差不多了，为了节省饲料，就要设法出去偷。目的地是十五里以外的邻县，那里水阔草密，捞的人少，但最好不要被当地人发现，否则尽管他们不要，但也不会允许你捞，会把你赶得远远的，所以只能偷。

偷猪草要起大早，天未亮的时候就起来，烧一大锅粥，半锅舀在铝制的镬子里，带到船上去当中饭。还有半锅盛到碗里——一碗盛不下的，要盛七大碗，一长溜排在灶台上，凉一会，然后呼噜噜一口气喝完，肚子顿时撑得滴溜滚圆。喝好粥，把镬子装到篮里，一手提篮，一手操根篙子，出门。十五里水路只消一个时辰，到目的地就拼命捞草。猪草都长在水底，用绑了长竿的镰刀探到水底，来回划动。镰刀磨得锋利，水草又是那样嫩，镰刀划过处水草纷纷扬扬冒上来，不一会，河面就浮了满满的一层，用耙子捞到船舱里，就是胜利果实了。到日上三竿，不管收获大不大，都得撤离了，当地社员马上要出工。

把船摇到旁边的河浜里，佯装路过。几个人找一片树荫躺下，或想心事，或说诨话，也有什么都不说，呆呆看着天。岳明老是这样……熬到中午,当地社员都回家吃饭,而且因为夏天,吃了中饭还要午睡。又是一段从容的时间!岳明他们喝完粥,就把船驶回原地,继续他们的忙碌。日头煞是热,水泥船被晒得滚烫,脚简直踏不上去。泼过一遍水,不消五分钟舱面又被晒得发白。天天赤膊,身上早已晒成酱黑色,汗水干后留下一道道汗印子,渍得皮肤阵阵发痛。不过要是往水里一跳,那清凉的河水足以驱尽浑身的暑气,但他们不敢奢侈,时间就是猪草啊。终于赶在社员们上工前装满了船舱。

返航了,因为是重船,岳明和年长些的金龙上岸拉纤。纤路就是北塘河的河岸,两侧长满了高高的芦竹,中间窄窄一条小道走人。芦竹冒出河岸半人多高,人在岸上弯腰拉纤,只见脑袋忽隐忽现,岳明好不开心。走在前面的是金龙,岳明说声:"我要松一下。"就松开了纤绳,弯下腰去,把那条宝贝短裤脱了下来,搭在纤绳上,自己光着身子拉纤。

岳明只有这一条像样的短裤,还是他城里的姨妈买的。几年前他摇船到城里,穿的是一条补丁累累的短裤,一路摇船又裂开了几处,走在马路上,隐私处若隐若现的。姨妈看不过,给他买了一条,还是很时髦的款式,平脚裤,乡下难得一见。如今,这条平脚裤也完全不是当年的模样了,补丁盖补丁,本色早已不见。后腚磨损严重处,补丁已叠起三层,形状各异,布色参差,针脚更是歪歪扭扭——那是他父亲的手艺。岳明尽量节省,能不穿就脱下,反正这一路都不会有人,即使遇到男人也无所谓。岳明想,再熬过今年一年,说什么也得做一条了。买的太贵,还是叫裁缝做实惠,只是裁缝只会做那种老式的……岳明正埋头胡思乱想,却听见前面金龙大叫:"不好了,有人!"岳明猛一抬头,只见眼前的河岸突然凹陷下去一段,大概是天旱时机船打水的端口,靠右边田块的一面,堤岸光秃秃的,不生一根芦竹。最要命的是,一群妇女在旁边的黄豆地里薅草,看见突然冒出人来,都好奇地停止了说话,眼光扫过来。

岳明慌得顾不得一切,钻过左边密密的芦竹,嗵地跳进了河里。金龙独自拉纤,拉过一段路,朝河里喊一声:"过去啦,可以上来了。"不一会儿,岳明就在前面的芦竹丛里钻出来了。等金龙靠近,岳明就要凑上去拉纤,金龙却吓得瞪大了眼睛。金龙说:"你……你……你……看你……"岳明一看自己的身子,也吓了一跳,浑身皮肤被锋利的芦竹叶子割出无数道伤痕,每一道都在冒血珠,岳明成了一个血人。

两人赶紧停下来,让河里的船靠岸稍等,他们就抓了岸头上的刺藜,揉烂了敷到大的伤口上。正在忙活呢,后面又传来急促的脚步声,一个青年妇女拎个篮子赶上来,岳明急得找短裤,却不见短裤的影子,刚才搭在纤绳上的,一定掉了!岳明一慌,又要跳河,被金龙一把拉住,顺手把他按到自己身后。金龙半蹲着,又开双臂,尽量放大自己,背向着来人。那青年妇女眼睛看着别处,急急地跑过去,一阵微风吹过来,发出一声轻轻的声音,一件东西落了地。两人转过头去,哈,是那条短裤。岳明顾不得痛,跃过去,拣到手里就往脚下套。穿好站起来,看刚才那女人,不见了踪影。前面某一处,有竹叶在晃动。岳明的脸红了,不记得伤口痛,只觉得腿有点软。

第二天拉纤,金龙关照岳明不要再"节省",昨天看那片豆地不小,她们一天肯定干不完,估计今天还会在那里,不要再出洋相。岳明答应照办。到那里,果然有花花绿绿一群人,岳明眼睛看着脚底,脚底像搽了油,金龙却侧着脑袋,在人堆里找昨天那姑娘。岳明走得急了,一头撞在金龙背上,田里传来一阵哈哈大笑声。一个年长的大嗓门妇女在喊:"小后生,今天怎么舍得穿裤子啦?害得我们小芳没事做了。"话音刚落,旁边立刻有一个年轻女子捡块土坷垃扔过去,田里笑闹不已。

几天过去,岳明的伤口已完全长好,好了伤疤也忘了那段尴尬。天黑的时候,和父亲就着油灯在喝粥,乡邻菊妹来串门,说起爷儿俩的凄苦,三人同一番感叹。菊妹说岳明要赶紧找一个女人了,你看这家不像家的,父亲说哪有瞎眼的姑娘愿来我们家呀,菊妹说要是成分高一点的说不定会肯。父亲顺水推舟叮嘱菊妹:"那得靠你费心啊。"

菊妹就把话切到了正题,说我那远房的外甥女,人是老实本分,勤快也没的说,就是成分高一点,是地主,年纪也相配。父亲欢喜得笑起来,说:"我们反正是小老百姓,靠两只手吃饭,成分不成分的倒也不太要紧。"看看说得投机,菊妹突然想起了什么似的,从裤袋里拿出一条短裤来,昏暗的油灯下看不清楚,好像是三种颜色的布拼的,裤腰又是一色。菊妹说起了岳明拉纤的事,说这是她外甥女用自己的零碎布跟别人换了三块大布才缝起来的。"这丫头手巧,哎,可惜了。"菊妹叹口气。原来菊妹的远房外甥女就是她?

岳明只觉得浑身像着了火,腾地一下燥热起来,借着盛粥的由头,跑到里屋,再也不敢出来。

大暑已近尾声,立秋在即。猪草越捞越少了,这天返程已是傍晚,晚霞给油亮的芦竹涂上了一抹紫色,显出诱人的情调来,岳明穿着新短裤跑起来分外轻松,老是让前面的金龙觉得肩上没分量。金龙不解,说:"你今天怎么这么卖力?"岳明吞吞吐吐半天,才说成一句话,意思是,"我一会儿有点事,后面的一程就辛苦你一个人了"。金龙问:"前面不村不店的你有什么事?"岳明就是说不出,只会尴尬地笑,弄得金龙糊涂得不时回头看他。

前面很快就到了,芦竹稀疏处,满满一担青草矗在路边,两只苗篮都装得有半人高,旁边一个年轻女子还蹲着身,在割草,金龙觉得好面熟。岳明说:"金龙你一个人拉吧。"金龙明白了什么,嘿嘿一笑就答应了。

岳明走到草担旁,蹲下身,把扁担搁上肩,轻轻嗨一声,挑起就走,那女子也停了割草,看岳明跑开一段,就跟上去……不一会,就消失在芦竹深处。夕阳更浓了,紫红色浸染了半边天,苍苍茫茫的芦竹正在为秋天孕穗,一片暧昧的暖色。

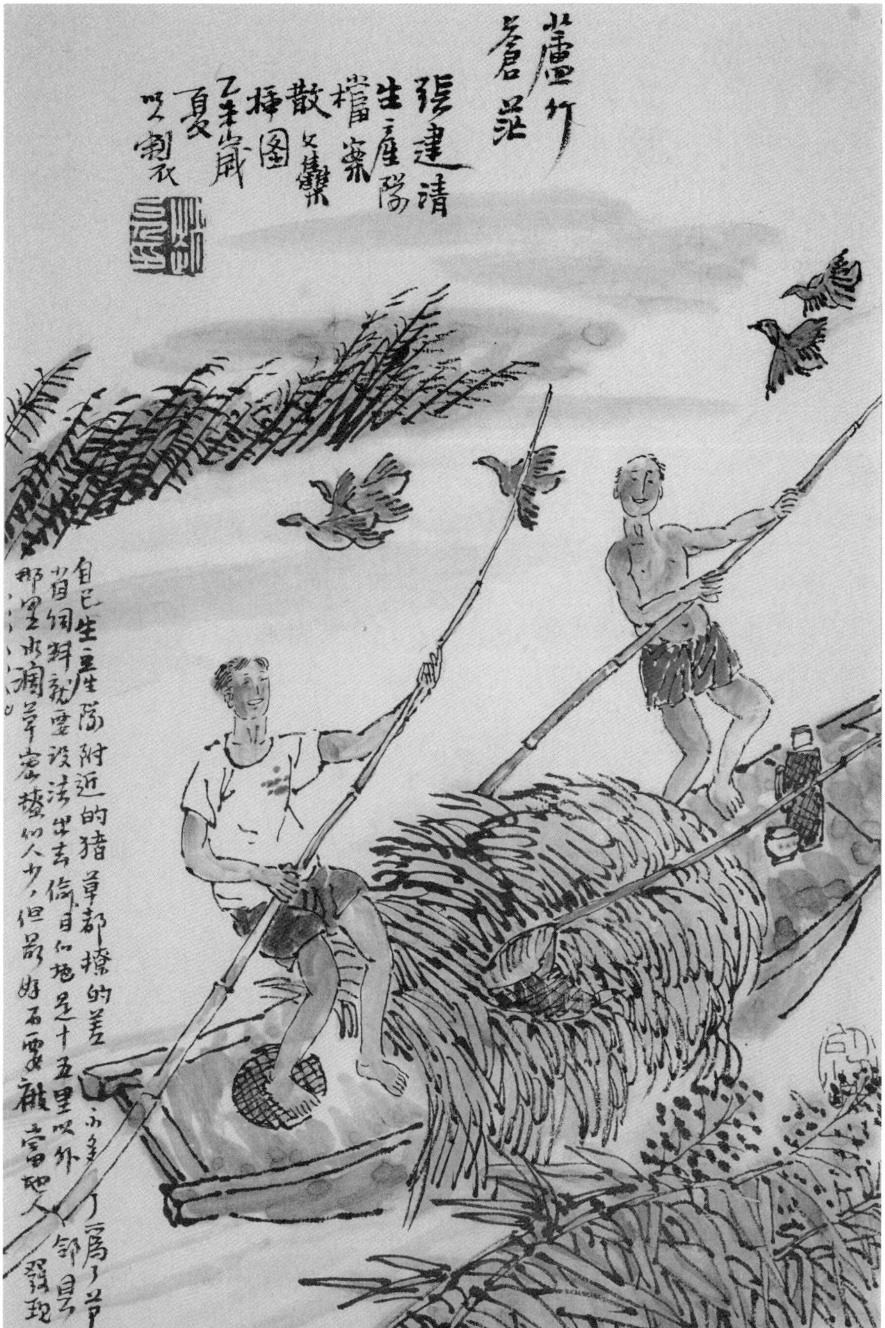
蘆竹蒼茫
張建清生產隊檔案散文集插圖
乙未歲夏

二十九、暖灶劫难

穿过一片茂密的桑田，是一座砖砌的拱桥，走下弯弯的桥背，就进另一个公社了。眼前是平畴十里，只有几丛矮树点缀田埂，稀疏的树冠透着稻田的嫩绿，几乎没有树荫，四野更是空旷。赵东良放慢了脚步，"不要紧吧?"他爱人问。"不要紧吧。"他说，心里直慌。两个人肩上的担子沉重起来。

这两副担子太别致，一担挑的是两只淘箩，淘箩里装了钢精镬子、火钳、洗帚、大小蒸架、大小铜勺、铲刀和八筒大小碗筷，一律系着红头绳，簇新。另一担更显眼：一只淘箩，一只托盘——是一担点心。淘箩里装了粽子、馒头和方糕，托盘里盛的是红青白三色团圆。一看就知道这对夫妻是到亲戚家"暖灶"的。

按本地旧俗，女儿家砌了新灶，娘家兄弟要去祝贺，这祝贺不用送客钱，但须置办全套的厨房用品和一些点心，这个礼仪叫"暖灶"。厨房用品这一套节省不得，缺了一件日后用起来不便，会被女儿婆家人"牵扳"。点心的数量就可灵活了：一看女儿家乡邻的多少——因为点心大多用来分给乡邻的，二要看娘家兄弟的家底，家底厚实自然要多办些。手头紧的，就只好撑个硬场面。赵东良兄弟两个家境不算太差，凑这一担点心有点说不过去,但现在风声紧,破"四旧",立"四新",移风易俗,提倡勤俭节约……口号天天在喊,万事求个安顿,办多了太招摇,谁知是祸是福?

就是这一担,也是硬着头皮在挑。

前面的水田里,一个生产队的劳动力在稻田里摸草。大概是注意了这边,摸草人都停下来,伸直了腰,齐刷刷地朝两个人看。有几人好像还在谋划什么。有一个人走上田埂了,那人瘦瘦的,好像不和善,朝这边走来了。夫妻俩假装不看见,加快了脚步。

"喂——前面两个人,你们停一下!"后面那人喊话了,赵东良安慰妻子说:"反正我们也不多,停就停吧。"妻子脸色有点发白,瞪大了眼睛。那人走了上来。

"你们挑的什么?"

"没……没什么,就这东西呀。"

"挑去干什么?"

"……"

"啊!挑去干什么?怎么不说?"

"暖……暖灶。"赵东良说话没了底气。

"哈哈哈哈,你们那里怎么搞的?批判封建迷信都批了这么多年,我们这里早已绝迹了,没想到你们还在大搞封建迷信!真是资产阶级人还在,心不死。哈哈。"那人得意起来。

"我……我……我出身贫农,不是……不是资产阶级……"赵东良申辩。

"不管你是什么阶级,搞封建迷信就不是无产阶级!"那人斩钉截铁地下了结论,"挑到哪里去?"那人继续盘问。

"前面,镇上。"

"镇上哪一家?"

"赵大囡家。"

"赵大囡?"那人忽然口气温和起来,"赵大囡是不是赵二囡的哥哥啊?"赵东良摇摇头,他第一次听说赵大囡这个名字。几十年以后说起这事,他还为当时没有灵机一动将错就错而后悔。事后他知道,赵二囡是镇上某个重要部门的书记,是个炙手可热的角色,为了表示自己出于"人情难却",他还补充说赵大囡是我姐姐。

"姐姐也不行!"那人脸色一变,又提高了嗓门,"对封资修的东西,我们都可以采取革命行动。你把担子放下来!""你放不放,怎么?还要我来动手?""你再不放,我马上到大队,打电话给你们公社保卫组长,让他派民兵来把你押回去批斗!"

一连串的呵斥,把赵东良的腿吓软了,担子慢慢滑下来。那人脸上露出了喜色,"都来呀!"他大叫一声,动作夸张地向田里招了招手。一阵嘈杂的欢呼,二十几个摸草社员拖泥带水地跑过来了。沾着污泥的手来不及洗一洗,张大了手掌就往淘箩里挖,尽可能地多抓一两个点心。沉甸甸的淘箩被抢得滴溜转,最后终于翻倒在水沟边,滚出了最后一个沾了泥的馒头,又被几人追抢。点心抢完,田埂上忽然寂静,二十几个人都两腮鼓鼓地,暴张着眼睛在吞咽各自的战利品。没有水润喉,吞干粮靠的就是勇气,不时有人哽住喉头,憋得心头痛,情急之下,捧起稻田里的水就喝,随着咕咚一声,东西下肚,长长地喘两口气,呵呵地直感叹。

顷刻间,一淘箩封建迷信的点心就被革掉了命,变成了革命者的精神动力。那人又恢复了革命者的斗争面貌,他号召社员们:"那一盘团圆也不能让他好好地带回去,把它捏掉!"几个先进分子立即响应,几双泥迹斑驳的手按向漆盘,一番连揿带捏的连贯动作过后,一盘三色团圆变成了一个四色的粉团——夹杂了丝丝缕缕的污泥。那人瘦削的脸上露出了欣赏的笑,他走近赵东良,和善地告诫说:"今天我们帮助你铲除思想上的封建残余,按理你应该感谢我们,所以,我们都不用客气了。不过'三大纪律八项注意'我们是要执行的,不能白吃你的东西,我们要付钱。"说完,他掏出一分硬币,丢到空空的淘箩里。淘箩里立即响起来,革命的摸草人都自觉地执行了"三大纪律八项注意",每人付出了一分钱。

赵东良夫妇呆呆地看着这一幕,不知所措。社员们陆陆续续回到田里去,赵东良也想离开。那人摆摆手,命令他"不能往前走,退回去"。退过拱桥,又回到了属于自己公社的桑田里。在密密的桑树掩护下,夫妻俩失声痛哭。

虽遭劫难,但亲情难讳,姐姐还在等着娘家人去暖灶呢。赵东良叫妻子留在原地看着担子,自己绕道三里地赶到镇上姐姐家。喜庆之日不言悲,姐姐强压怒火,说声"我去,看他们敢怎么样!"跑去把担子担回了家。

一家人躲在阁楼上,把那块粉团一点一点掐开来,剔掉污泥,重新搓成团圆。然而,由于三色杂糅,团圆也大都成了三色团圆。煮熟了端出去发给乡邻,赵大囡的乡邻们直困惑,还以为这是她娘家的风俗。

三十、尴尬的"方便"

几乎每个生产队都是这样：一排居民住宅，参差错落，屋后是一片社员的自留地，而在自留地的一边，就有一排整齐的粪坑，社员叫"茅坑"。各家的茅坑连成一行，没有遮蔽。每天早晨，只要不开早工，就会有三五个汉子蹲在茅坑边，光着腚，抽烟说话，行"方便"之事。四野里轻雾蒸腾，草叶沾露，偶有碎风吹过，带来早晨的清爽。对于紧张忙碌的社员，这个时刻真不失为悠闲自得。有妇女拎了马桶过来，向自家的茅坑里倾倒秽物，男人也是语不变调，脸不改色。倒是那妇女涨红了脸，侧着身慌张地做事，马桶盖磕得乒乒响。肯定是谁家的新媳妇。不过，要不了一年半载，这新媳妇也会磨炼得神情自若，见怪不怪了。

江南农民的卫生习惯，历来为外乡人非议。然而，真应了《史记》中的"仓廪实而后知礼节"。当大多的家庭米囤空空，人们为了吃饱肚子而挣扎时，有谁会去想精神文明呢？

在生产队，判断一个男孩子有没有出息，公认的一条就是看他什么时候学会用粪桶来"方便"，而不再是像女孩一样用马桶。要是一个十几岁的男孩还是可怜地巴着个马桶，就会有被人取笑的危险。"你看人家同龄的，都敢走出去蹲茅坑了。"被取笑的那个心理不平衡，觉得那个"榜样者"蹲茅坑的时机,偷偷潜到附近的长豆棚里,瞅个空档,扔一块土块过去,溅起的粪水吓得对方提起裤子,落荒而逃。这边却开心得倒在地上,压断三根长豆藤。

其实,不只社员如此,连个别条件简陋的乡村小学,年长的男老师也习以为常。某老师性子急躁,对学生严厉,一个问题问过三个人答不出来就要发火,一发火就要动手,凿"毛栗子",呱的一记,学生头上就是一个包,他一般要凿三记,学生头上就"三足鼎立",几天退不下去。学生张三秉性顽劣,功课勉强,享受这等"待遇"久矣,心存不满,总想找机会出出气。偶然间发现老师行踪,大喜,想出一绝妙计谋。

也是巧合,某老师垂青的粪坑边天生一棵野桑树,这棵树是真正的身在福中不知福,生在茅坑边,竟然长不大,弯弯扭扭才半个人高,树干只手臂粗细。树不成才,老师却欢喜,"方便"久了腿脚酸麻,这时双手攀住树干,身子往后微仰,重心转移,筋骨舒坦,别有一番惬意。学生看在眼里,暗暗得意。晚上,取过家里的锯子,溜到茅坑边,把树干根部锯断半截,锯痕用泥巴糊上,天衣无缝。第二天老师"例行公事",中途就发生了意外。老师惬意时刻乐极生悲,扑通一下连树带人掉进坑里。那学生一直在远处偷窥,看见老师有难,立即大喊一声"快去救老师",自己第一个跑过来,顾不得脏臭,用尽全力拉起老师……事后被老师誉为"'学英雄,见行动'的好学生"。

"双抢"大忙季节,社员个个赴汤蹈火,鸡叫做到鬼叫。夜里十点收工,凌晨三点又要出来开早工拔秧了。社员阿龙酣睡中被队长的哨子催醒,倦意矇眬,点起油灯找工具。忽然内急,要蹲坑。打开大门却带起一阵风,把油灯吹灭了。阿龙想起还没拿纸,迷糊中记得放油灯的桌子上有张报纸,摸索过去,扯下一角就直奔主题。匆匆完事已经落后,社员们都已下田,阿龙急急赶去归队。早工开到六点多,收工吃早饭了。社员宝昌路过阿龙家的茅坑边,大吃一惊,不敢声张,立即报告了队长。队长偷偷看了看现场,同样惊骇不已。找到阿龙问事,阿龙不明就里,坦然承认"方便"之事,还嬉笑队长。队长拉长了脸,怒喝一声:"你闯大祸啦!"阿龙撒腿就往茅坑边跑,往里一看,吓得跌坐在地:刚才黑暗中,阿龙扯了报纸的一角做了手纸,那一角上正好有个毛主席像!"我……我……我……该死呀,我怎么办?我怎么办?"阿龙腿脚发软,颤颤巍巍挪到家,拉住队长就哭。队长说:"这么大的事我也保不了你,你还是主动到大队投案自首吧。"阿龙自己做了一块牌子,上面写着"打倒坏分子王阿龙",还把自己的名字打了三个红叉叉,挂在头颈上,低了头跑到大队去投案了。

几场批斗会之后,阿龙还是被打成了"现行反革命",亏的态度老实,没有判刑。

"文革"后期,大队里陆陆续续地都办起了"队办工业",与城市的联系慢慢紧密了,采购员到一次大城市,回来总要说几天新鲜事,说来说去,城市和农村最大的差别就是"方便"之事,到城里不能随地小便,否则,抓到了要罚款;还说做供销员不能不识字,最起码要认识两个字,一个是"男"一个是"女",这样就不会上错厕所。志强到上海跑业务,傍晚去一关系户家,舍不得乘车,跑得久了要方便,生怕到人家家里去找麻烦,就在马路上找厕所。找了半天不见影子,却有点憋不住了,看看天色已晚,找个僻静处就想下手。没想到肩膀被人一把抓住,背后一声断喝:"随地小便,罚款!"志强回过头来一看,眼前是一警察。志强不慌,知道他证据不足,反驳说我哪里小便了?警察说:"你不小便你刚才在干吗?"志强呵呵一笑,道:"我自己看看不行吗?难道看看也要罚款?"警察语塞,支吾着说不出话,深为自己操之过急而后悔。

这个故事流传很广,表面看是一个滑稽的故事,但实际上也起到了很好的宣传作用,告诫大家:到城市里不能随地小便。"方便"一事已经和文明联系在一起了,而最叫社员们惊讶的是一个台湾老兵的回乡遭遇。

改革开放了,生产队里忽然来了一帮上面的干部,找明海,说他的伯父一九四九年去了台湾,现在还活着,七十多岁了,还是独身,要回来看看,要是家里条件不错,还准备叶落归根。明海一家高兴得不行,请人粉刷房间,准备迎接伯父。过了几天,又来了两个干部,看了看明海粉刷的房间,不满意,提出要建一个卫生间,要安抽水马桶。明海作了难,卫生间这个名称还是第一次听说,别说建了。后来还是干部从上面叫了人来帮忙,才搞出了锃亮的卫生间,村里人闻讯都来参观,惊叹:"这么卫生啊!"想想自己平时蹲茅坑,羞愧难当。

伯父回家的那一天,上面的干部一大帮人来到明海家等,县里已经派专车到上海虹桥机场去接了。等了半天,等来一个消息:台湾老人接是接到了,只是直接去了县医院。原来明海伯父上了车,忽然身体不舒服,车子疾驰四个小时后,找到了一家医院,赶紧送医院抢救了。

以后社员蹲坑的就渐渐少了,再以后社员后代的新房子都建卫生间了。

三十一、炎炎夏日

进入七月,太阳就发起烫来,烤得地面滚烫。赤脚走在地上,掠动风化的细末,细末变作灰尘轻轻腾起,地面上留下一个汗湿的脚印。树荫变成最珍贵的东西了,人、鸡鸭、小虫子都想把家搬到这里来,蝉在树冠上清唱,蚂蚁在地上忙碌,人坐在裸露的树根上,轻摇蒲扇,说说眼前的鸡鸭,说说远处的庄稼,说说旁边小河里喧闹的小孩。大人们明白:暑假开始了,夏天是属于孩子的。

是的,对孩子来说,暑假也许是一年中最值得留恋的日子,尽管每家都有好多的活要干,尽管做事的时间总是比玩耍的时间长,但快乐永远荡漾在孩子们的心里。

早晨太阳刚升起来,还是红红的,就被爷爷奶奶喊醒。父母亲早在田里开早工了,监督孩子的只有祖辈们。几乎每个孩子都有劳动任务的,他们要出去割草。肩挑一副硕大的篮子,手臂上还要挎一只家里最大的竹篮,篮子里起码放三把镰刀。镰刀是昨晚就磨好了的,刀刃极薄。这样的镰刀要是用钝了三把,那一个早上的收获就不小了。

割了草不是喂兔、喂羊,在百草丰茂的季节里,要割一点喂兔、喂羊的草简直是唾手可得,哪里用得着这么大张旗鼓?现在割了草是用来晒干草的,夏天晒一批干草,到了冬季,寸草难觅,就可以喂羊或打成糠,做猪的精饲料。也有割草勤快而养猪少的人家,干草用不了就卖给邻居,换几个油盐钱。

有草的地方或许几天前就看好了,孩子们一直念念不忘,生怕别人抢了先,在哪条田埂,草有多高、多密,心里都清楚。到田头,放下篮子,埋头就割。要是面积比较大,生怕不知趣的人来蚕食,就会在两头各放一只篮子,表示自己对这段田埂的占领,别人要是再想来分一杯羹,就有话可说了。割草的孩子像个剃头匠,镰刀贴着地面划过,只听得滋啦啦地响,田埂就变得光秃秃的,草都被掳作一把,排在背后的田埂上。到你腰酸腿麻,脊背晒得发烫时,也差不多该收工了。草一把一把收到篮子里,装满了就放进苗篮,用力揿,苗篮装得严严实实的,一担起码过百斤。孩子挑不动,收早工回家的父母亲就会来帮忙。运气好的时候,一个早晨可以收获两三担。心野的孩子还要偷偷摇了生产队的水泥船到远处去割,但往往遭到家长的制止,原因是玩船的时间比割草时间多,以往的教训要吸取。

草挑回来,趁着毒辣辣的太阳就撒开,铺在场上晒干。碧绿的鲜草厚厚地盖满了场地,不时有叶上的露珠在太阳里闪烁着活跃的光芒。孩子洗过泥汗淋漓的身子,摸摸被篮襻勒得血痕累累的手臂,捧起一碗奶奶特意凉了多时的稀饭,踩过草地,跑到门前树荫里,挨树根坐下。看着自己的劳动成果,喝一口粥,嚼一口新腌的菜瓜干,满嘴脆响,心里特别满足。

吃过早饭后就自由了,最多帮爷爷奶奶刨刨丝瓜,拣拣韭菜,然后就玩自己的。每家家前屋后都有一个大凉棚一样的丝瓜棚,竹架的,绳牵的,都很轩敞,绿荫如盖,满棚的丝瓜花开得喧闹,金黄一片,惹得蜜蜂嗡嗡嗡地穿梭追逐。热风从远处的田野里吹来,穿过这里,凉棚就变得凉快起来。地上无论砖场泥地,都扫得溜光,孩子们席地而坐,或看小人书,或轮流着讲故事,或拎出蝈蝈笼子,向里面喂一朵丝瓜花,骗得几声蝈蝈叫。也有拣了甜芦粟皮编凉席玩的。忽然有一阵清脆的知了叫声从哪棵树上响起，就有人从家里抓一把面粉，跑到河滩上揉呀捏呀地洗"面筋"。把洗好的面筋粘到长长的竹竿头上，就可以粘知了了。不用多久，几个调皮小孩就会每人捏了一只惨叫的知了到你耳边来聒噪，那知了被剪了半个翅膀，在他们手里扑棱着。不会出声的"哑巴知了"则早已被他们扔掉了。

要是到了大暑的尾声，就有蟋蟀出来了。你好好地坐着纳凉，旁边的瓦砾堆里却突然传来蛐蛐的叫声，诱惑着你，那是一只不错的蟋蟀！几个人立即围上去，轻手轻脚地拨开碎砖瓦。机灵的已经从家里拿来了铜丝编的网罩。如果蟋蟀机警，躲进了瓦砾堆深处，还要用粪桶挑来一担水，淹其老巢。一番忙碌，那蟋蟀终于被捂到了手掌里。找个空盆放下，看看还真不小，乌黑油亮，触须一抖一抖的，大家估计着它的战斗力，性子急的就把昨天决出的"将军"拿来，一决雌雄。耐心好的，就会把它养上几天，等它"服盆"了，养壮了，再安排赛事。

吃过中饭就可下河游水。河水碧蓝碧蓝的，满河清凉，但这时的河里不怎么热闹，大人要睡午觉，也要逼着孩子睡午觉。所以，只能到水里凉快一下就要上来。你要是说服了大人，一本正经地拖了只拗勺去摸蚌，那最终要有收获，否则就会因为"假公济私"而受到惩罚。也有调皮的孩子对大人的吆喝阳奉阴违，嘴里应着"来了来了，马上上来"，身子却在往远处游，大人等不及先回家睡去。孩子泡得浑身发白，手掌起皱才溜回家，悄悄躺下，假装酣睡不醒。正好大人醒了，看那丑样，一把拉起，问"什么时候回来的？"孩子揉着眼睛，做出睡眼朦胧的样子含糊答道："我……我早睡了，正做好梦呢，却被你吵醒，嗯嗯嗯……"大人指甲在孩子手臂上一划，一道白痕，脸色立即难看起来，一把揪住耳朵，喝道："你的头发还是潮的，你敢骗我？"孩子赶紧求饶，羞得无地自容。

游过水从河里上来，就扛块门板到家前屋后找块树荫睡下。去得晚了好地方就被别人占了，就只能睡在树荫边上。往往睡下去时有阴凉,不用多久太阳就移过来了。也有睡性好的人"沉睡不知归路",一觉睡过去大人上工的哨子也吵不醒。别人都已起身回家,只有他还孤零零躺在那里"梦游太虚境",太阳晒烫了就翻个身。别人觉着好玩,就偷偷给他画副胡子或脱了他的短裤。

午睡过后的时间似乎是一天中最幸福的,每个孩子都可以拿一把菜刀,从自留地里砍下几棵自己亲手种的甜芦粟来吃。甜芦粟是那个时期孩子们的精神寄托。吃甘蔗是梦想,甜芦粟虽没有甘蔗水多汁甘,却也清甜诱人,而且栽种简单,所以自春天播种,移栽活了后浇水、施肥,都由孩子自己动手,长到夏天已是茎节挺拔、缨穗吐红了。家庭兄弟姐妹多,甜芦粟是分段包干的,田埂、水沟边几行甜芦粟每人分得一段,吃完就只能看着别人眼馋。有几棵长相粗壮的一定会留着不动,看着它的穗子一天天由青变红,由红转紫,籽粒颗颗饱满,紫色里泛出白霜。这是真正成熟了,砍下来,召过众人来品尝,这样的甜芦粟是最甜的,一人独吞了会受到大家的指责。而穗子则挂到门楣上,留作明年的种子。

村里偶尔也会有卖冰棍的人来,是镇上理发店的营业员。两个人肩搭毛巾,大汗淋漓地抬着一只蓝色的木箱,木箱正面写着叫人动心的两个红字:棒冰。据说这冰棍是他们乘早班轮船到城里批发回来的,卖到我们这里已经有点软了。一般只有两个品种:赤豆的三分钱一支,奶油的五分。要是有大人在场上干活,孩子们会聚上去,表面上是看热闹,实际是知道大人心软,只要有一个人买,其他人都会被迫跟上,孩子们就可以大解其馋了。但家长也吝啬,一般是四个孩子买两支,每人半支尝尝而已。除非是已经软得拿不起的处理货,才会慷慨一下。如果场上没有大人干活,任凭卖冰棍人叫破嗓子也不会有一个孩子靠上去看的,谁都心里明白,看了也是白看,反而心里难受。

最令人神往的,当然是傍晚的小河了。无论大人孩子,都忙碌了一天,终于日落西山了,洗掉疲乏吃晚饭去。晚霞染得河面彩光粼粼,水面上浮满了木板、木桶等救生器材和大大小小的脑袋,不会游水的就在河滩两侧扶着"器材"练抨水，把那片水域搅得浑浊不堪，被上河滩洗衣服的妇女斥骂。练过抨水的扶着木板，由会游泳的拉着到河心去练胆量，不会游泳的往往吓得惨叫不已。岸上还有看热闹的女孩和怕下水的男孩，在那里议论。还有怕自己的孩子学游泳偷懒而来压阵的母亲，不时地发出叫骂声。水性好的那些就把队里的小木船远远地牵过去，十几人攀到船上，合力把船晃翻，再把沉船拉到岸边，拔起来，又拥上去，再晃翻……年长的社员就坐在河滩的条石上，把身子泡在水里，交流着各种信息，显得从容舒坦。练跳水的"小猢狲们"则光着身子，吵吵嚷嚷在河岸上排队，轮到自己了就大叫着，张牙舞爪地往河里跳，从水底出来时手里抓了一把污泥，到岸上涂黑了身体，学大人指手画脚。母亲看到了，远远地追骂过来。孩子不慌，等到跟前了，才做几个怪诞的动作，然后啊的一声大叫，纵身跳下。

　　这是一天中最悠闲、最有生气的时刻，人们都把身体的污垢和筋骨的劳累泡在清凉的河水里洗濯干净。夜幕已经降临，晚饭已经在各自家门口的场上摆好了。在人们的记忆里，那个赤日炎炎的苦夏暂时远去了。

三十二、薪火难继

　　人类自从燧人氏钻木取火开始,一直依靠两样东西生存:一是食物,另一个就是火。可是时光流转到人民公社时期,社员们不但粮食紧缺,连烧煮食物的柴草都成了大问题,生产队分给每户的稻草只够烧四五个月,社员们大半年时间都在愁思:拿什么来烧红灶膛?

　　烧柴紧张无非两个原因:一是为了积肥,尽量多罱河泥。罱了河泥要用稻草搅和,稻草发酵了河泥才有肥力。结果河泥越多,稻草越少。第二个原因也是为了积肥:多养猪,每家最少要养三五头猪。队里的稻草是按人头分的,分得的那些稻草煮熟人食都显勉强,哪有多余的来烧猪食?而猪们又不愿与人分忧,多吃生食。

　　毛主席教导说,"穷则思变,要干,要革命",社员们苦苦一"思"就"思"出了两条途径:挖煤灰和扒黑泥。

　　七十公里开外有个望亭电厂,火力发电,每天吐出无数的煤渣,粉尘状的煤渣通过长长的粗管道,排放到附近的太湖边,沉积在浅水里。没有烧尽的煤粉因为重,沉到了水底,堆积在上面的是灰白色的煤渣。天长日久这里就变成了一块"冲积平原"。不知是哪位贫下中农"普洛米修斯"发现了这一重大秘密,挖出底层黑乎乎的煤粉,和上少量的河泥,做成煤饼,晒干了放进炉膛一烧,还真能见红。虽然没有多少火力,但总算能保持炉膛不灭了,真是意外的收获啊。这样的好消息用不胫而走来形容显然是苍白无力了,方圆几十里的社员几乎家家出动,轮流着摇了船去挖煤灰。

在面积上百亩的煤渣填埋场上,每天都活跃着上千个"采矿"人员,到处都是亢奋的、灰雾飞扬的挖掘场面。他们挖开表层的煤渣,一层一层挖下去,当挖到一米多深时,令人望眼欲穿的浅黑色的煤粉终于出现了。兴奋的他们顾不得歇口气,赶忙把煤粉一畚箕一畚箕地搬上来,堆在一处。挖得差不多了,再扩大挖掘面就俨然是开挖一个露天煤矿。只是"矿工们"使用的都是铁耙、铁锹、畚箕等原始农具。煤粉堆高了,家里就开船来运。有经验的挖煤人是始终不离开工地的,他们用棍子支个矮矮的棚架,苫上稻草,搭出个简易的窝棚,里面用几块破砖支个土灶,架上锅,就扎下根来,白天黑夜守着自己的那点劳动果实。新来的人不知深浅,收了工要出去逛逛。没承想你前脚走开,后脚就有人到你挖的煤堆上了,为此而引发的打架事件天天好几次。

这样的煤粉运回了家,就囤积在场上,不断挖出一些,和上少量的稀泥,糊成大大的煤饼,晒干后用锤子砸成小块烧。烧这样的煤不能用常规的炉子,那种炉子炉膛太小,烧不着,要定制大炉子。大炉子的炉膛用三四块瓦围成,直径差不多有一尺,一次可以加进铁皮畚箕一畚箕的煤块。用大把的硬柴引着了倒也红红的,就是不经烧,煮熟一锅猪食要加三次煤。村里的煤渣出奇的多起来,铺满了村庄周围大大小小的田埂,倒也免却了大家雨天泥泞之苦。

几乎在发现煤粉的同时,又有人发现了太湖里某些区域的淤泥也可以捞出来烧,而且比煤粉火力旺。社员三个人或者四个人搭一档,以每天一块五毛钱的代价向生产队借条船,花一天多时间摇到一百里外的东太湖,抛锚在香山附近。船一停稳就挥起装着长长竹柄的塘耙,探向湖底扒黑泥。这种泥乌黑油亮,有时还捞得着炭化了的木块和树桩,因此有人猜想千万年前这里是陆地，是地震使陆地陷落成了湖。但也有人认为这些黑泥是水草等腐殖质长期堆积的结果。不管怎么说，社员们都为太湖这样的无偿馈赠而兴奋不已。脚底绿波涟涟，湖心黛山点点，收获的满足感使社员们浑身是劲，狠狠勾一耙可以捞起百把斤。一顿饭多一点的工夫，五吨水泥船的三个舱都已装得满满的了。连夜返航，在船上象征性的换班休息。没有人舍得靠岸好好睡一觉，耽误一天就要多交一块五毛钱。一般是三天打一个来回。这是顺利的时候，要是遇到刮风天气就很难说了，太湖里无风三尺浪，有风浪滔天，但见天幕下黑云翻卷，湖面上排浪追逐。那样的天气困在湖里，扒泥人惊骇得缩在舱板上，不敢站起，更不敢进船舱躲避。一个大浪打来，船上一阵乱响，锅灶碗筷统统被卷到湖里，要是重船就难逃倾覆的厄运。

一生产队四个社员搭伙去扒黑泥，满船返航时遇到猛烈的横风，船被打沉，四人淹没在风浪里。幸得附近有渔船经过，好心的渔民撒开大网，把他们四人"一网打尽"，全都救了上来。事后请打捞队兴师动众地捞出了水泥船，又赔偿了生产队橹篙跳板等，自己损失两百多块钱。四家人痛心了好几年。有社员绰号叫大王的，身强力壮，自恃精力过人，连着两趟摇船扒黑泥。第二趟满载回家是暗星夜，大王摇船站的是扭绷的位置。离家门口还有十里水路了，因缺少睡眠，摇着摇着迷迷糊糊地竟睡着了，哪料想一失手掉进了河里，虽然大王会游泳，却已筋疲力尽，掉进水里连头都没有冒一下，一条生命就这么结束了……

一船黑泥运到家里，四周用砖围好了铺在场上，沥水、晒干，最后的成品每人只能分得四五百斤。但社员们已经很满足了，毕竟这是"天帮忙"呀。

几年后，又有人发现了新能源：铁路上面有煤屑！不过，这消息是在很小的范围之内传播的，所以上铁路参与掸煤的不过几百人。

铁路上的煤屑在路基的碎石缝里，据说是从蒸汽机车的烟囱里喷出来的，日积月累竟有了薄薄的一层。掸这种煤需要一只大篮子，当筛子用。扒开表面的碎石块，把下层的煤屑连同小石子一起扫出来，放到篮子里筛过，筛下的就是黑黑的煤，颗粒大的还在闪烁着亮晶晶的光，叫掸煤人狂喜不已，而更多的煤屑则直接抛洒在路基旁边的人行便道上，掸扫起来过筛就是。不过，在铁路上掸煤很危险，不但要防来来往往的火车，还要警惕护路工人的突然出现。尽管他们每掸过一个地段都把路基恢复如初，但养路工人还是要驱赶，要没收工具，甚至要关人——他们抛出的"破坏铁路"的罪名叫社员们胆战心惊。只要看到拎着一盏红灯的养路工远远一出现，几十人一伙的掸煤队伍立即四处逃窜，有树林的躲到树林，有沟渠的潜进沟渠。什么都没有的紧跑一段，埋伏到远处的田埂后面。在沪宁铁路洛社到奔牛这四五十公里的战线上，这样的转移行动每天都要演出好几次。社员戏称之为"麻雀战"。

那年元旦，学校放假，秀媛那个读高中的大女儿跑了十几里路，也到铁路上帮母亲掸煤屑，却也一日无事。多了一个帮手，秀媛那天的收获明显增加了。母女俩"包"了一段路面，各掸一头，准备会合后就收摊回家。秀媛正埋头忙着呢，隐约听得长长的汽笛声远远传来，拉汽笛是火车司机的家常便饭，秀媛没理会。没多久又听得锐利的尖叫声，秀媛还是没理会，以为是火车要停下来等交车。半个多月的铁路生涯使这个没见过火车的女社员对铁路有了详细的了解。秀媛继续干她的活，她知道火车上的人是不会管他们事的。停车的地方忽然喧闹起来，吵吵闹闹的听不真切，喧闹声里似乎又夹杂了哭叫声，秀媛心头一惊："哎呀，那不是女儿掸煤的地方吗？"她惊醒过来，预感到这次停车和自己女儿有关系，莫非……突如其来的巨大恐惧震得秀媛浑身瘫软，她本能地跌跌撞撞向人群跑去。

跑近了一看，万幸！秀媛看到女儿好好地站着，只是不止地啼哭，几个穿铁路制服的人在对着她大声嚷嚷，哦——女儿没事！心神一定，腿脚有力了。她跑上去问究竟。原来是女儿第一次掸煤没经验，靠铁轨太近了，火车司机看出危险，拼命拉汽笛，女儿没想到那怪怪的声音会和自己有什么关系，没有理睬，司机只得紧急停车。

火车上跳下来的人要把秀媛女儿带到上海去处理，秀媛求情说："女孩子长这么大，还是第一次看见火车，她不懂事，你们就饶了她吧。"那些人不同意，看一眼秀媛黑不溜秋的脸，说："老奶奶，这是你孙女吧？她今天可闯了大祸啦，我们这趟列车是乌鲁木齐开往上海的，车上有外宾，你说这国际影响大不大？所以你求情也没用。"一听有外宾，围上来的掸煤人都吓坏了，没想到自己掸掸煤还会造成国际影响！一个个心虚得不行。但看到他们要带走秀媛女儿，亲情和本能使他们壮起了胆子，挡住那几个火车上的人，又有人跑开叫来了所有掸煤的男男女女，一堆人围作一圈。火车上的人好不为难，最后看众怒难犯，再说也没造成大的后果，教训一通就开车走了。静下心来，秀媛想起刚才那人叫她"老奶奶"称呼，颇存疑惑，到铁路边水沟里照照自己的"尊容"，不由得好笑：满面尘灰烟火色，两颊凹陷眼神黑，五十岁的年纪却活脱一个老太婆形象。她暗自取笑自己，脸上的肌肉在摆着笑的姿势，眼睛却不争气，滚出几颗辛酸的泪。

秀媛女儿事件平息没几天，小八良又惹了祸。小八良天生顽皮，初中读了一年就不去了，小小年纪跟着大人到铁路上来凑热闹。那天见一列货车停在站上，看周围没人，就钻到车头下捣鼓。没想到搬动了一个什么开关，一个阀门里喷出了强烈的蒸汽，顷刻间车头四周浓雾弥漫，那喷气口还呜呜乱叫。铁路一边的小房子里马上奔出几个大人，追上小八良，像拎小鸡一样把他抓到了他们的办公室里，还不让外人去看望。大家急得没主意，天天派人在小房子周围转悠，看能不能遇上哪个好心人，放了小八良。

直到第三天，一上班，那小门一开，出来一人，叫小八良大哥进去，写了一个保证书，说声领走吧，以后保证再也不能搞破坏了，才放人。小八良兄弟俩千恩万谢。事后别人问小八良在里面可曾吃苦，小八良嘻嘻一笑说："开头是被他们打了几次，后来也不打了。倒是他们的饭菜真好吃，我从没吃过这么好的。"众人不信，说："孝敬你呢？还给你吃好吃的！"小八良争辩说："就是的呀，不骗你，他们吃剩了就给我吃。"一副回味无穷的样子。

铁路上的煤掸回来，可真正解决了社员的燃眉之急，那煤又多又好烧，家家户户场门前都像大柴垛一样堆了好几垛，慢慢地烧了几年。

三十三、金不如锡

　　林书记田头转一圈过来,眉头又蹙紧了。民兵营长炳生跟在身后,不敢说话,知道自己又得挨训,又得做恶人了。

　　转了三个生产队,情况几乎一样严重:家家户户自留地里都种上了好几墒掸煤番茄,大的已结果有馒头大,小的刚成型还顶着花。种这么多显然不是为了自己吃,而是妄想流向市场赚钞票。前一阵忙于抓"百分之百种植双三制",忽略了自留地里的资本主义,真是社会主义松一松,资本主义就攻一攻啊。林书记恼得一声不吭,只顾埋头走路。

　　回到大队部,林书记立即召开支委会,分析了他发现的阶级斗争新动向,批评了部下的目光短浅和觉悟不高,立即决定雷厉风行地部署一场批斗会,他关照炳生明天就召开全大队社员大会,把种番茄最多的那三个生产队的"四类分子"拉出来斗一斗,他要开一个活生生的阶级斗争教育会。炳生说:"那三个队一共只有两个'四类分子',恐怕不够。"林书记不耐烦地说:"那就到别的队里借几个来斗,声势一定要搞得足。你不镇住他,他就不认你是老子。"

　　批斗大会如期在小学操场上举行,除去老弱病残,全大队五六百个男女劳动力都自带凳子到了会。其实开大会是大家最乐意的,反正小队里给记工。主席台自然布置在领操的那张土台上,摆了一张老师的讲台,讲台后坐着书记林阿荣和大队长李浩兴。浩兴主持会议,他宣布了会议开始并讲了一通开场白后,猛喝一声:"把'四类分子'押上台来。"台下的炳生早已准备好,两个民兵押一个"四类分子",一手用力反扭"四类分子"的胳膊,另一只手揪住"四类分子"头发,两人一齐用力,把"四类分子"揪得身体弯成九十度,然后以跑步的速度往台上押。这个姿势叫"坐喷气式飞机"。每个"四类分子"脖子上挂着一块小黑板,上面写着"四类分子"某某某,名字的每个字都画了红色的"大杠"。小黑板七八斤重,靠一根丝线一样的细铁丝系着,深深勒在颈皮里。不动时已疼痛难忍,被民兵押着向台上奔突,小黑板晃荡着,更是痛得满头大汗。老地主富均被斗得最多,很有经验了,他一得到要接受批斗的通知,立即叫队里的剃头佬把头皮刨了个精光,又借口天气热,上身只穿了个汗衫背心,这样,民兵就揪不住他的头发,也抓不住他的衣服——肩膀又是油腻的,民兵有劲使不上,他就可以少受罪。这老地主真是老谋深算还缺一算,他没有想到群众的智慧是那样的丰富,民兵识破了他的阴谋诡计,揪不着头发就揪耳朵。老地主天生一副扯蓬耳,抓在手一把正好。民兵一用劲,老地主"哇呀呀"惨叫一声。

五个"四类分子"被押到前台,对着社员低头,亮过相后,就被押到主席台后边,背对着社员像低头认罪。小学老师领喊了一阵革命口号,会场上下人人振臂应和。口号结束,会场安静下来,大队书记林阿荣咳了几声嗓子,说声:"这个……这个……啊——"他的讲话就开始了。

林书记狠批了当前在一些生产队蔓延的大搞资本主义的歪风邪气,强调一定要堵死资本主义的路。"钱有什么用?"他发挥说,"钱可以当饭吃吗? 你要钱,那好,我让你困到银行的钞票堆上,三天不给你饭吃,看你还要不要钱。不把你饿出屎来才怪呢。"林书记很得意自己的新理论,他喝口茶,亮起嗓门总结说:"我宁可花一千元钱的成本,也要多争一粒谷!"决心之大,震得高音喇叭嗡嗡响。

会后,炳生带着十几个民兵挨家挨户数番茄,允许每人保留三棵,自己食用,超过的一律锄掉。这时的番茄都是青果,采下来猪都不吃,只能扔掉。番茄藤还嫩得像一泡水,不能晒干了当柴烧,抛到清水茅坑里沤肥料也不脏。

社员骂:"这死蚂蟥,又被他叮了一口。"

林阿荣没当书记前是大队里的民兵营长,炳生的前任。因其阶级斗争觉悟高,敢于造反而受到公社革委会领导的赏识。阿荣有个过人之处:眼光特别敏锐。别人看似正常的现象,他往往能看出问题来。"破四旧"时到各户抄家,别人只留神屋里有没有"黄色书"——只要是颜色发黄的书一律是"黄色书",是"四旧"。他们至多也只会看看墙壁上有无封资修字画,再细心点,看看雕花的宁式床,床楣、床栏上有无宣扬封建礼教的雕刻图案。而阿荣却可以发现碗橱里饭碗上的"桃园三结义"彩绘、长脚"寿"字和马桶盖上的"五子登科"雕花。真是目光如炬,所以,凡是他带队"破"过"四旧"的生产队,就会出现哪户人家吃饭碗不够,哪家马桶盖不全等"彻底革命"的现象。

阿荣最大的能耐是晚上溜到你家前屋后听壁脚,窥测你有没有隐藏"四旧",说不说落后闲话。只要是他怀疑的人家,都会锲而不舍地叮住,像蚂蟥叮人一样,所以别人背后就给他起个绰号叫"蚂蟥"。前任书记就是因为对老婆发牢骚说"我们这辈子是别想看到共产主义了",还叹苦经"叫我到哪里去抓这么多的阶级斗争"等,被阿荣侦察到,斗下了台。书记下台只偷偷哀叹一句:"这蚂蟥真厉害。"

林书记砍掉了种番茄的资本主义尾巴,不骄不躁,继续革命的劲头不改。转眼到了"三抢大忙"季节,林书记从田头转过来,想检查一下生产队场上的脱粒是否做到颗粒归仓。脱粒机架在社员四眼家的隔壁场上。轰隆隆的脱粒机在这里喧闹了快十天。四眼养的三只鸡不能放出来,天天关在门角那窄小阴暗的鸡窝里,还要关着大门,防止谷粒溅到门槛里来。屋里既黑又闷,鸡窝里更不用说,那三只扁毛畜生快要憋死了。四眼可怜它们，和一起脱粒的社员说好了，把门打开，那三只鸡用鸡罩罩在大门内那块晒得着太阳的地方，让它们透透气。为防止稻谷溅到鸡罩里，四眼把鸡罩朝外的一面遮了只麻袋。"溅到屋里的谷粒，等扫场时一起扫出来"，四眼和大家约定。众人都觉得没什么不妥。

林书记带着两个人一路巡视过来，发现了这个"变相挖社会主义墙脚"的阶级斗争新动向，顿时一腔热血涌到了脸上，他涨红着脸开口怒骂："哪个混蛋这么大胆？竟敢开了大门让自己的鸡糟蹋集体的粮食？你以为别人都是睁眼瞎？就你屎壳郎爬上牛粪堆——比别人高一等？人民群众的眼睛是雪亮的，我告诉你！"书记骂完就从人群里找人，四眼说这鸡是我的，述说了前因后果，众人也证明四眼的话不假。书记愣了一愣，但马上他就找出了理由："你这样能保证一粒稻谷都不被鸡吃掉吗？上面号召颗粒归仓，你这不是明目张胆的对抗吗？"一听这话，四眼吃软了，说："好好好，我马上把门关掉，屋里的谷粒一会就掸出来。"

看到四眼服输，书记底气更足了，骂了句："畜生，竟敢这么大胆！"四眼不服气了，申辩道："林书记，你堂堂干部，怎么张口骂人呢？"书记自觉理亏，灵机一动，说："我骂的是鸡。"四眼托了托被汗渍滑下的眼镜，和书记对视一眼，斗胆批驳："你这是指桑骂槐！"

书记一听顿时火冒了："你说什么？你再说一遍。"他把手指指到了四眼的鼻子前。四眼不示弱，重复一遍："你指桑骂槐。""啪！"四眼话音未落，林书记一个巴掌打过去，在他脸上发出脆响。"你狗胆包天，竟敢骂我？"书记气咻咻地还要动手，被大家劝住。四眼惊诧不已，一手捂着脸，一手指着林书记追问："我怎么骂你了？我怎么骂你了？"

原来，林书记不知道有个成语叫指桑骂槐，加上脱粒机的轰隆声干扰，他听得四眼骂的是嘴骚蚂蟥。四眼岂不是狗胆包天？四眼读过高中，他咽不下这口气，事后把这件事告到了公社革委会，革委会主任表扬他"很会说话"。

导致林阿荣仕途颠簸的是那次批斗会，批的是林彪"今不如昔"的反动谬论。新庄大队以百分之百种植"双三制"的典型事例召开一个田头现场会,以最有力的事实来批斗。公社召集两级干部参加,每个大队还派出几个社员代表。县里下来蹲点的干部也到会了,场面煞是壮观。

大会开始,林书记的开场白就赢得一片掌声,林书记慷慨激昂地说:"我姓林,虽然和大叛徒林秃子一个姓,但在思想上我早已和他划清界限,他是反动的'林',我是革命的'林'!"台上领导鼓掌,台下群众响应。林书记切入正题,他抬起头,放眼一望连绵的"双三制"稻田,义愤填膺地斥骂林彪:"林彪这个大坏蛋,对我们眼前的革命大好形势怎么也看不顺眼,胡说什么'金不如锡',真是狗屁啊!这混蛋连常识都不懂,我们革命的人民要问他'金卖多少钱一斤?锡多少钱一斤'?金难道不如锡卖得贵吗?"

会场里哄哄然,气氛热烈起来。

事后,县里来的蹲点干部评价林阿荣"学习不够,上不得大台面"。

三十四、棺木翻身

俗话说一分耕耘一分收获,可在"农业学大寨"的年代,有一项工作却是一分耕耘两分收获,那就是整田平地。

江南农村,虽地处长江三角洲腹地,沃野广袤,但仅是地图上的宏观格局,你脚踏实地望过去,却只见田块高低悬殊、形状各异,其间沟壑交织、坟冈杂陈,无通衢大道可拉车,尽羊肠小路难走人。这样的布局是千百年来土地私有制的必然产物。人民公社要实现农田水利化、农业机械化,先决条件就是要平整土地。大寨大队书记陈永贵带领社员"三战狼窝掌",把七沟八梁一面坡的山地都改造成平展展的梯田。毛主席老人家深受鼓舞,豪迈地动员全国人民:"愚公移山、改造中国。"有大寨典型引路,有最新指示鼓劲,江南农民"与地奋斗",自然"其乐无穷"。轰轰烈烈整田平地、建设高标准大寨田的热潮持续了几个冬春。

整治后的土地旧貌换了新颜,不但大体走势上趋于平整,还做到了格田成方,每块田块面积一致。田块之间沟渠畅通,机耕道延伸到最偏僻的角落。这给水利灌溉和机械作业都带来极大的好处。社员们深深体会到了人民公社"一大二公"的优越性。而在整田平地时,因为夷平坟茔、挑平高地而挖出的大量的棺木,更是社员们意想不到的收获。

本来，由于"光荣妈妈"等观念的刺激和"人多好办事"之类口号的鼓励，新中国成立以来，每个家庭都陆陆续续地冒出了数量可观的"革命接班人"。接班人长大了也要分居各餐，也要成家立业。房子还是那点房子，可门户窗格、台凳橱柜总要添置一些呀。即使家里孩子还小，但家具用了几十年，坏了；门窗用了几代人，朽了，总要修一修啊。好多人家的锅盖已交叉钉了几道木条，拎起来却还是晃晃荡荡的，要没有那些木条加固，早散了。每天早晨，太阳刚起来，家里的鸡鸭就吵得不行，急着要往外面跑。主人骗它们"天早着呢"，它们不听，依旧唧唧呱呱地闹。其实它们在告诉人："别骗我了，你看这一条条宽大的门缝，光线漏进来了。"主人无奈地骂声"畜生也有眼睛"，就开门"送客"。但开门要小心，须扶着门，要是用力一碰，门就要哐的一声掉下来……然而，在吃饱肚子都有困难的现实面前，哪怕最迫切的打算都成了非分之想。再说哪里去找木料呢？街上以前的木行早已改卖生产资料，农具部门上写的"供应竹木农具"，那个"木"字不知什么时候被人涂掉了。

棺木的出土可解决了大问题。

要是挖到一口好棺材，那木材四四方方、厚厚实实的，表面油漆还未变色，这样的棺材木头什么东西都可以做。把棺木一块块拆开，堆在露天日晒雨淋，去掉点毒气。一年半载后找木匠剖成板材，就做家具。考究一点的人家还要到大队磷肥厂弄点过磷酸钙，兑水调匀，把那板材刷上几遍，算是消毒。上乘的棺材木头可以做桁架门头、台凳脚盆、锅盖提桶、篮球架子；蹩脚的也可做窗户料头，做椽子、做料勺粪桶。即使挖到的只是一口薄皮棺材，棺木已朽烂成瘦骨嶙峋的几根条条。拿出来锯头掐尾、刨皮砍疖，最后剩下的也可以做猪圈的栅栏。棺木的用途实在是太广泛了，可以说没有哪一家用不到它。

某"四清"工作队在大队"四清"完毕，想答谢大队干部一路来的生活照顾，准备请大队干部吃顿饭，为尽"地主之谊"，决定在他们的住地招待。然工作队员平时在社员家吃派饭，住地不开火，再说他们也舍不得自己掏钱来办酒席,便决定包馄饨。借来一副锅灶,买十斤青菜两斤肉,就动手。要剁馅时却发现忘了借砧板,脑子活络的队员想起隔壁大队卫生室里有几块干净的小木板,就借过一块来用。

馄饨自然是鲜美,工作队员、大队干部因陋就简,相谈甚欢。餐毕,大队治保主任瞥见那块"砧板"眼熟,问起,知道是隔壁卫生室借来的,呵呵一笑说"那里的木料全是棺材木头,是我经手的"。几个城里来的年轻四清队员开始反胃,大队干部则神情泰然,笑谈依旧。

棺木用途之广可见一斑,以至于还有传说:常熟一带新人结婚,新郎的家具和新娘陪嫁的家具里一定要羼几块棺材木头,视为讨"吉利"。如果这个传说属实,想来那样做也是迫于无奈。所谓讨"吉利"无非借口而已呀。

当然,人总是向往美好的,生活中既然普遍应用了棺木,就要努力改变它的形象。于是,聪明人就给它起了个好听的名字叫"解放木头",也有叫"翻身木头"的,寓"重见天日"之意吧?

棺材木头做的器具,不论你处理得如何考究,也不管你使用时间多长,都有一个鲜明的印记:木料是灰黑色的。好棺木芯子里虽是黄黄的木色,但外圈也难免变成灰黑。差劲的木料通身都是灰黑的棺材木头颜色。棺木的颜色除了取决于板材的好坏厚薄之外,还和棺材埋葬地的土质有关。黄泥地里的棺木变黑的少,而埋在黑褐色三垩土里的就"近墨者黑"了。

整田平地挖到棺材,如果是谁家的祖坟,就是有主坟,棺木要给这家主人。一段时间,因几块棺木的分配而引起的兄弟争端就多了起来,毕竟这也是难得的祖产呀。心气旺的还会在场上打起来,从此兄弟阋墙、撕破脸面……更多的棺材说不清来龙去脉了,就算无主。棺木归生产队所有,队里收拾好了再卖给社员。有心计的队长就在这上面看到了财路。白天干活时探到地下有棺材,先不声张,若无其事地向村里老人打听这块地以前可是谁家的,有没有祖坟。如果弄明白是无主坟,就大胆开挖。要是老人告知是哪个队里哪一家的祖坟,只要不是自己生产队社员的,队长就心里有数了。白天按兵不动,晚上夜深人静时,由队长选定的一帮突击队就向墓地进发。不消两个时辰,突击队员就吭哧吭哧抬着卸开的棺木凯旋了。这样的行动队里是记工分的——不管有没有收获。要是凑巧,还可以顺手弄点菜,再从队里想办法搞一点粮食,烧夜宵吃。这近乎偷来的夜饭最香,最馋人。

第二天上工,队长照样煞有介事地指派社员到那坟地里挑土方,还要带好垦棺材的钢钎等工具。到现场,看那狼藉的盗墓场面还要拍拍大腿,大叫后悔:"啊,昨天倒应该加把劲,挖出来了事,哪想到贼骨头的鼻子这么灵……"然后大骂几句"盗墓贼",继续干自己的活。坟墓的主人闻讯赶来,也只能骂上一通,然后徒唤奈何。

偷得上瘾的生产队,有一支专门的队伍,周围几里地只要一有发现棺材的风声,他们就会闻风而动。有一回到别人家门口去"作案",被那村里的狗报警,人家出动数十人搜捕、追赶,但夜色浓重,让他们侥幸逃脱。那个村的社员"以小人之心度君子之腹",以为弄出这么大的动静,那些人一定惊吓不小,肯定不敢再来了。哪曾想这些时间,追赶的人刚一转回头,他们就停了逃跑的脚步,在田野里蹲下来,抽烟、聊天、磨时间。叫两个人赶回去,煮些小山芋带来。一个时辰过去,已是夜色深沉,寒星满天,白霜染地,村里人早已梦游他乡了。这些人站起来跺跺脚,活络活络筋骨就直奔目的地,"杀回马枪"。带山芋的队员作先导,把爱叫的狗贿赂得丧失了立场,其他队员就只顾埋头苦干了。真是熟能生巧,他们不费多大劲就把棺材挖了出来,而且两个人抬起可以跑。其余人清理外围,把墓穴里的坑石、青砖掏个干干净净,坛坛罐罐全砸烂。再寻找一遍有无值钱的东西。

经过如此两年的艰苦积累,生产队聚集了大量的建筑材料,借大力发展养猪事业的东风,选块空地,造起了六间两层楼的生产队仓库和七间养猪场。轰动周围五里地,公社革委会主任也亲临视察,笑着说了句

"太招摇了"。

有个生产队队长胆小，几个活络的社员便合起伙来，"自力更生"弄得棺木卖钱。几年时间练得人人好身手，只要在地面挖个一米直径的洞，钻下去就可以在地下把棺材分解了，棺木一块一块传出来。完事后再把洞口填好，几乎不露痕迹。村里人称他们为"垦棺材黄鼠狼"。

盗棺风起，吓坏了镇上的棺材店老板一家。上溯三四代，这家子就在街上开棺材店。虽然在"公私合营"时改了行，卖起了家具，但到底近水楼台，家里早已为老太太置备下一口柏木寿器。那柏树原木两抱粗细，开店几十年都难得一见，锯开板来，半条街都闻得清幽的香气，寿器的板材都有八寸厚。每年夏至过后，总要抬出来见见太阳，刷层桐油。紫黑的生漆泛着富足的亮光，蹲在大门口，威风凛凛的，过往老者无不称羡。也合该老太太福分不到家，当她老人家气息奄奄时，盗棺之事已时有耳闻了。子女们担心老人一旦入土，这招人耳目的棺材必不会安生，要是被人盗去，岂不愧对祖先？最后商定个下下之策：重做了一口薄皮棺材，把那口柏木的拆了，木料卖掉。

老太太开了一世棺材店，自己却没困上好棺材，旁人评价"道行不够"。谚语说"牛吃草来鸭吃谷，烂泥菩萨住瓦屋"，这"道行"两字真是虚幻，捉摸不透。而盗棺人削尖了脑袋钻天打洞却不如焕松戆头的"无心插柳"，也应了这个说法。

队长派焕松开麦沟，那年学塘桥种麦，沟开得一尺半深。田内沟已开好，要贯通外围沟须打穿一条大路。那条路是几个村对外交往的必经之路，路基宽大，路面由小青砖铺排而成，走了好几代人。焕松用长长的"塘桥式"铁锹想挖穿路基，挖得一锹多深就遇到硬物，从另一头挖也是如此，像块巨石。他暗暗高兴，想把石头挖出来砌猪圈。他一点点挖开土层，却看清是一个大大的墓穴，报告队长。队里集中男劳力苦战半天，打开石封的墓窟，露出一口硕大的红漆棺材，完好如新，颜色鲜明。小心翼翼打开棺盖，里面绫罗绸缎蒙了几层，虽然已经板结，但花样还艳丽。揭开,露出一女尸,眉目清晰,脸色微红,仿佛睡着一般,众人大吃一惊,传作新闻。附近胆大者都来看稀奇,却发现女尸见风变色,由红变淡,由淡变青,慢慢地,青色就转黑,不到半天工夫,化作了一汪水。观者无不称奇。

识货的木匠认定这是口名贵的楠木棺材,有人要买了做家具,队委讨论作价180元,成交。获此飞来横财,社员欢呼雀跃,筹划大吃一顿,并议定打破成规:无论男女老少,一律有份。生产队里吃得欢天喜地,人声鼎沸,场面之火远胜"会师百鸡宴"。功臣焕松戆头则额外得到五块钱的奖励,皆大欢喜。

其实挖棺材是有点风险的,迷信思想虽然早已被批倒批臭,但开始时人人心里还都有顾忌,尤其是处理棺材里的尸骨污物,既要大胆又要细心,弄不好会感染毒气,生疔长疮。一般这样的事都由队里个别或穷或残、地位低下的粗人来干,队里给买一包八分钱的大铁桥香烟,就可打动他们。但要是哪个队里没有这样的对象,就只有干部带头了。大队书记顾锡章为尽快掀起整田平地热潮,在整田试点生产队里带头下坑掏棺材,深得社员赞叹。一次挖了口薄皮棺材,糟得像烂稻柴,长长的锈钉子戳在上面,顾书记不小心踩着,戳穿了脚底。经大队赤脚医生包扎,几天后止血收口。书记以为没事,不想几周后脚背疼痛,慢慢肿出一个大包来,火辣辣的,碰不得。中医说是生了"火丹毒",怎么用药也不济事,溃烂不止且延至小腿。最后在城里医院做了截肢。

……

如今,顾书记年事已高,他架着双拐在村巷里蹒跚,旁人有时还会回忆起当年他的壮举,发出一番"如今的干部如何如何"的感叹。

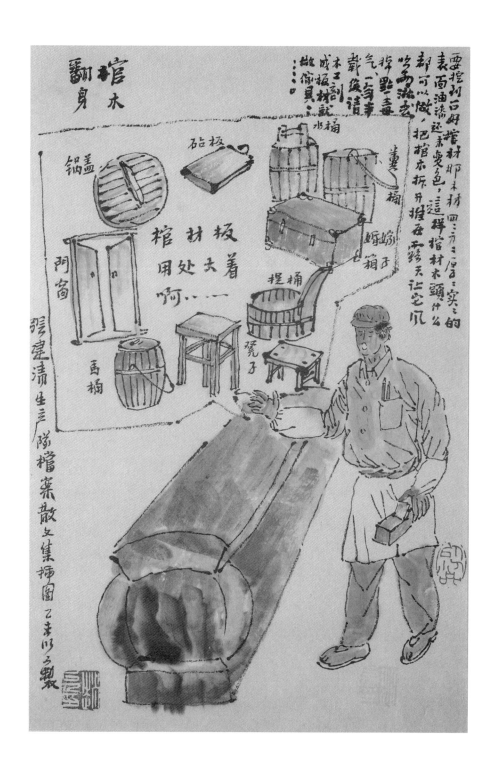

三十五、小人阿平

　　全队社员在一块田里干活,最突出的是阿平。男劳力队伍里数阿平最矮,不到一米六。夏天,阿平露出一身酱紫色的皮肤,晒得油亮,有人给他起绰号叫"乌背鲫鱼"。生产队干挑水、浇粪的活,挑着一副担子,前面一个粪桶,后面一个粪桶,中间一个他,三者几乎一样高,过路人看着要偷笑。要是跨缺口不小心,粪桶底在地上一磕,就会摔到沟里。但阿平是个鬼精灵,只看见他"拖"着粪桶担快步如飞,却从不见有什么闪失。真是"人小鬼大"。

　　阿平在大家心目中是个"小人",不光是他个子矮小,更主要是他手脚不干净,喜欢做点"小手小脚"的事,众人都提防他。不过他倒是"兔子不吃窝边草",做起那些事来,要么在街上,要么走出三里之外,乡里乡亲、前村后巷之间决不顺手牵羊。因而,大家提防归提防,平日里也真没缺少东西。阿平从小没了父母,兄弟也早已分居各餐。自己守着五架老屋、一具行灶过日子。阿平有自知之明,知道自己不但有身体的不足,更有品行的缺陷,所以虽然才三十出头,但早已死了成家立业的念头,过着一人吃饱,全家不饿的自在生活。实在没得吃的了,到村里哪家去蹭一顿,别人也不怎么嫌弃,知道阿平不是那种赖皮,自己有了好事也不忘大家的。阿平也真是这样，弄到了好吃的，便是巴结大家的好时机，总要喊几个平时能说上几句话的来聚一聚，关了门，喝酒共享。大家最津津乐道的一件事，是阿平请他们吃喜酒。

正是快过年的时候，犹如黎明前的黑暗，最是清苦。吃的、用的什么都熬着，要等到春节一起"奢侈"。肚子里几个月不沾荤腥，嘴里淡得直冒清水。阿平神秘兮兮地说："要不要吃喜酒？"这消息太突然，喜酒还有不想吃的？问题是这话从光棍阿平嘴里说出来，实在太过离奇。阿平说："不要大惊小怪的，眼睛一眨，老鸡婆还变鸭呢！有什么好稀奇的？要想吃，今晚半夜到我家来，早了还不行。怕我说大话？要没得吃我输你们每人五块钱。"阿平口气很粗，有人笑他"你那五块钱还在人家口袋里呢"，阿平脖子一梗，说："越是这样就越是有得吃啊。"

月亮偏西的时光，地上早已生出白霜，几个影子从自己家里溜出来，沙沙地踩着霜花，闪到阿平的破屋里。怕被隔壁人家听见，都不出一声，只做着手势，问阿平有没有把握，要没有可不是好玩的哦——要请你"吃生活"！阿平得意地一笑，招招手叫大家坐着，等他回来。他自己掮起一条扁担，扁担上挂一副绷络，出了门……有大致一个钟头的光景，几个馋鬼已是困乏得东倒西歪，门却被轻轻地撞开了，众人咽着口水醒过神来，看见伸进来一截扁担头，下面挂着一只黄酒甏。甏口的封口严严实实的，显然这是一甏未开封的黄酒。门再挤开一点，进来一个满脸坏笑的小人阿平。阿平一进来，身后的门就呀的一响被挤得大开了，呵呵，老鼠拉木屐——大头还在后头：原来扁担的后一头挑着四格大蒸笼，顶上一格还用罩子盖着。等蒸笼一进屋，旁边的人赶紧关了门，屋里立时弥漫起肥厚的香气，几个人猛吸起来。阿平歇了肩，把蒸笼一格一格打开，向大家献起宝来。每一格都是五六碗大菜，有红烧蹄髈、老烧鱼、慈姑扣鸡、糟扣肉，底下一格是油亮的八宝饭，个个碗都是温热的。

阿平压住了嗓子放肆大笑，嘎嘎的像公鸭叫，众人乐得手舞足蹈，也跟着嘎嘎地笑。阿平悄声说："娘的，叫别人办酒不许超过三桌，他自己儿子结婚却要办十几桌，我们来帮他移风易俗！"阿平又咧嘴一笑，大家才明白他是偷了隔壁大队书记家的喜酒大菜，顿时有点不知所措。阿平呲啦一下撕开酒甏的封口，夸张地挥挥手，压着嗓子厉声喝道："发啥呆呀？动手啊！"大家想象着第二天书记家张皇失措的样子，心里有点发毛，但，菜是真香，酒是真醇。

生产队是个小社会，几十个劳动力天天在一起，三六九等分得清清楚楚。在这个团体里，没有地位就没有发言权。阿平可以算是倒数第二等——仅高于"四类分子"。四类分子早已死心塌地，断不会去想什么权利不权利的，阿平却不死心，有时总忍不住要在人前显摆自己。别人说话，他也插上嘴去，人家就没了声音，不理他，或换个话题，不屑理他。阿平只有讪讪地闭了嘴，在一旁没趣。因而，他有时做得一两件"大事"，倒并不是为了自己的肚子，而是为了面子，为了可以在人前说几句话。

秋收秋种时节，麦子种下，农忙已经大半结束了，剩下来的活是把堆在田埂上的后季稻挑回去，脱粒。这活一般在夜间做，分两班，通宵干。新谷上场，脑子活络的就要筹划着弄"小夜饭吃"。米是"匀"一点队里的新谷到大队加工厂碾的，菜要自力更生。到邻队的社员自留地里"弄"几棵白菜，割一把大蒜苗，用扳网到门前的小河里"扳"几条鱼，一顿夜饭就像样了。哪家有黄豆，借一点出来，到前村做豆腐的"哈米鼠"家里换点豆腐百叶，就更丰盛了。虽是粗茶淡饭，却把人的干劲吊得足足的，这样的夜饭几乎是社员的精神支柱。但往往是开头几天尽着好的吃，好的吃完了，往后越吃越清苦。有一顿夜饭没有扳到鱼，只三个蔬菜，很是乏味。阿平却暗自得意，吃饭时他眼睛亮亮地对队长说："明天我们要不要弄点肉来吃？"队长说："你小子别说大话，到哪里去'弄'肉？公社'杀猪作'里也要早晨才有，再说那里的肉你'弄'得了吗？一旦出事还连累大家。"

两人的问答引得吃饭人都竖起了耳朵，资格老的就凑上来说话，其余也停了筷子,看着阿平。阿平受此礼遇,有点慌,对队长说:"不是的,不是的,不是杀猪作里的。"队长沉吟了许久,又看了看几个人的脸,答应道:"也行,可要远点。还有,大家绝对保密,谁说出去以后就没他的份。"几个骨干跟着附议,别的人虽不表态也算同意了。

第二天夜里,蒙蒙细雨,阿平背回来一头大猪。

那头猪披着件蓑衣,嘴巴上戴顶草帽,活脱一个酒鬼趴在他背上,那猪也确实已经醉了。阿平两手抓着猪的前腿,像背着一个人。他用几粒酒药,乘饲养员不备,放在人家生产队猪场的食槽里,猪吃下后醉得皮肤通红,呼呼大睡。阿平背着那畜生夜奔,乐得它美梦连连,偶尔还要地感叹几声。窄窄的田间小路上对面来了人,狭路相逢时,阿平就偏过头去,对那畜生教训道:"叫你少喝点酒,少喝点酒,就是不听,醉得这个样子!岂不是害我?"说话间对方已毫无知觉地错身过去了。

那头猪全队社员美美吃了三天,阿平则挺直腰板,阔绰地过了三个月。

阿平做那种事其实也有个准则:小拿小摸一般是率性而为,习惯成自然,不假思索的;而要做大事则往往有他自认为充足的理由。阿平算计双代店那件事,闹得动静真不小,还有吃窝边草的嫌疑。可他辩解说那是为了整整那几个伪君子,只能算"以毒攻毒"。

每个大队都有个小店,正式的名字叫"双代店",代购、代销的意思。代购基本是徒有虚名,代销才是其正常业务。日用小百货、农具配件、生产资料都有供应。每个季度一次进货,都由生产队派了船到镇上的供销社仓库去运回来。那次轮到阿平和其他两人运货,双代店负责人根富不放心,要队长换了阿平,队长没答应,这件事却让阿平知道了。

到了镇上,船泊河滩,双代店营业员建栋去仓库开好进货单,阿平他们就挑担装船,建栋对大家说要去办另外的事,走了。可阿平发现他没有走远,一直在附近隐蔽处转悠。阿平嘴上不说,心里有数,也一直偷窥建栋的动静。大件货物都已下到舱里了,最显眼的是那八麻袋的盐和四麻袋的白糖。盐是敞开供应的，不稀罕，糖却要凭卡，每个季度大户供应八两、中户半斤、小户三两。阿平盯上了那四袋白糖：有一个袋口子上松开一条小缝，估计三根手指可以伸进去。当他掮了一捆扫帚上船的时候，其他两人又进仓库去了，而建栋也恰巧在一个墙角处转过了身子，对着一排小树撒起了尿。此机若失，时不再来！阿平跳进后舱，迅速抓起自己带着喝水的搪瓷杯，又跃入中舱，左手把杯口抵在麻袋的那个松口，右手并拢三指撑大那麻袋的口子，伸进去就往杯子里抠糖，两三下就是一杯。他捺一捺杯口，又拍拍袋口的糖屑，再用劲押一押袋角，把松口拉拢。几个动作做完，立即潜进船艄的暗舱，把杯子连带自己的毛巾、挎包等一起藏进暗舱里。暗舱已好久没有清理，乱糟糟、湿漉漉的，表面一堆柴草，底下已是薄薄一层暗红色的积水。

阿平从暗舱的安全盖洞口钻出来，建栋还没转过身来，他松了一口气，继续大模大样干他的活。然而，当他搬着货上船的时候，却发现建栋不见了，搬了三趟，还是不见！阿平一惊，估计不是好兆头，说不定去哪里打电话向根富汇报了。

阿平脑子紧张地转了几下，趁人不备，又钻进后艄暗舱，但很快又空着手钻了出来。

返航了，船到双代店码头，根富已在那里迎候。拴好缆绳，他破例地跳上船来，给大家发了根烟，道过辛苦，就假模假样地验起中舱里的货来，最后把眼睛停在那麻袋白糖上。根富说："这个麻袋有点蹊跷，好像被谁动过的样子。"建栋说不会吧，众人也说不会的。根富说："肯定动过了，你看这里有个小口子，而且里面凹了一块。"他把脸转向大家，和蔼地说："你们有没有人开玩笑，动了里面的糖？"根富的"动"就是"拿"的意思，他说得很客气，意思给你一个台阶，自己承认"是我，开个玩笑的"，可几个摇船人都说没有动，"谁开这个玩笑呀？！"大家有点不悦。根富呵呵一笑，问："阿平也没有动过吗？"阿平顿时脸一红，马上低下头，脚尖扫着船底的杂物，争辩说："根富你这话啥意思？怀疑我？我怎么会干这种事呢?"声音拖泥带水的。根富来了劲,追问:"真不是你?"阿平微微抬头,又摇摇头:"真不是我。"根富逼过来,眼睛盯着阿平:"阿平,我们打个赌,要真是你,怎么说?"意思已经非常明显:偷糖的不是你阿平还有谁? 大家都悄不出声,看着尴尬的阿平。

被根富一逼,阿平急了,伸直了脖子,拿手指着根富:"根富,你不要欺人太甚! 你跟我打赌我就赌,我要是没拿,你怎么说?"根富要的就是阿平这个态度,把他逼出来了就可以动手搜查了,但他面上却不急,他笃悠悠地放低了调子:"阿平,这个赌你打不起的。是你拿的就交出来,我知道你喜欢开玩笑。"阿平却恼怒起来,吼道:"开什么短命玩笑? 我只问你一句,我要没拿,你自己准备怎么办?"见阿平动气,根富也上了火:"好,话说到这个份上,我也不客气了,要是我冤枉了你,下次大队开社员大会,我自己上台检讨,接受大家批斗。要是你拿了呢?""我拿了我挂个牌子游斗一个大队!"阿平斩钉截铁地说。

这时,根富已仁至义尽,于是他板起了面孔,正色说道:"那我要抄了?"阿平脖子一梗:"随你。"根富朝建栋努努嘴,建栋会意,熟门熟路地走到后艄的暗舱里,拎出一只洗得发白的帆布挎包,正是阿平的东西,里面沉甸甸的。建栋往里一掏,挖出一只鼓鼓囊囊的搪瓷杯子,杯口塞的却是湿毛巾。根富、建栋都一愣,拔出塞得紧紧的一团湿毛巾,杯子里空空的。建栋又把挎包翻过来仔细看,里面也没有一点糖屑。不甘心,建栋又钻进暗舱里,细细摸索一遍,还是空着手钻出来。

根富瞪直了眼睛,脸色红得发紫,表情凝固在那里,建栋不由自主地自言自语道:"咦,真是见了鬼了……"阿平一反平时的猥琐相,上前一把抓住根富的衣领,吼到:"怎么说? 你说怎么说? 你狗日的自己吃惯了把我们也看得和你一样? 你说怎么办吧?"

根富可怜地看着阿平,说不出话,手抖抖地从另外一只裤袋里掏出半包大前门香烟,递给阿平和大家一根,哆嗦地反复说着一句话:"有话好说,有话好说……"阿平不停嘴,只在那里骂,众人过来劝,阿平才停了嘴,和大家一起上完货,又逼问根富怎么办。根富无奈,询问他的要求。阿平知道这事要等到下次大队开大会,早已冷了场,到时也红不起脸来;再说斗了根富自己也没啥好处,还是现到手的好。他放缓了语气,大大咧咧地说:"你叫我说条件我就说了哦?要是觉得条件太高你可以不答应。""你说,你说,"根富忙应着。阿平不紧不慢地开了价:"你怪我偷糖,我的名声被你破坏了,按理说拿什么抵都是抵不过的。但要是坏了你的名誉,以后你就……,我也不想把事情做得太绝,我看这样吧,这件事既然是为糖而起,就干脆用糖来了结吧,你让我尽着力气装一杯子糖。"

根富有点为难,心里像吃了苍蝇一样。他敢肯定建栋不会看错,只是不知道阿平这小子又玩了什么花招。要答应他的条件实在不愿意,但想想事到如今若不赶快了结,越闹下去会越糟糕。他看看周围也没有什么闲人,和建栋使个眼色,建栋点一点头,根富就答应了。阿平拿起他那只搪瓷杯,一小把一小把地往里面装糖,装两把就狠狠地揿一揿,压得严严实实的。最后还在杯口堆了一个尖,他捧着这满满一杯糖,脚步轻捷地回家了。

事后,合得来的伙伴问阿平到底怎么回事,阿平说:"当时糖我当然是拿了,我是气不过根富那家伙,自己往小店的黄酒、酱油里掺水,捞了好处又害人,却还要假正经地提防我,越是提防我,越要跟他过不去。"别人问那后来怎么没搜出糖来呢?阿平说:"我知道建栋发现了,要倒回麻袋里是不可能的,我就把糖都倒在暗舱里稻草下面的那层积水里了,又洗干净了杯子。不用多久,糖也漾在水里了,他们怎么会发现呢?"

……

小人阿平最终到底没有成家,孤零零地伴着门角落那口黑洞洞的行灶消磨光阴。他的结局是出人意料的,为了偷一只羊,一失手把自己杀死了。有年冬天,阿平手头紧了好些日子,香烟也断了个把月,拣人家的烟屁股既坍台又没把握,他想弄两个活络钱。镇上苏州人开的羊汤店收活羊,阿平动开了脑子:要是弄到羊,卖给他们就是钱。他们是外地人，又只做一个寒冬生意，年底就走人，不会暴露。他暗暗和卖羊汤人达成了交易，就找机会下手。他弄活羊没把握，只能弄死的，价钱随便给。店里人说，刚出了血的羊不要紧。

用偷猪的办法偷羊是不行的，羊不会吃酒药，还容易叫，所以只能弄死的。阿平腰插一把杀猪的尖刀，黑暗里潜到人家羊圈里。看中了一头就扑上去，双手用力捂住羊嘴巴，不让叫出声。然后把羊头紧紧夹在自己胯下，腾出右手，抽出尖刀就把羊脖子横着捅个对穿。不多时，羊就瘫软在地，悄没声息地死了。

第一次顺利得手了，卖了六块钱。第二次阿平看中的是一只老山羊，个头大。阿平人矮，夹着羊头有点力不从心。一刀捅下去的时候，那羊拼死往前一蹬腿，穿过羊脖子的刀尖顺势刺进了阿平的要害处。寒冷的冬夜里，上演了一幕人畜同归于尽的悲剧。

三十六、大宝养猪

队里给大宝定的养猪任务是每年一头。

养猪任务是按每户的人头确定的：六人以上算大户，大户的任务是每年养三头；四五人的是中户，任务是两头。大宝是小户，全家就他和老婆两个人。大宝很满意，要是去年定任务，他也算小户，也要养一头猪的，而去年他还是个光棍。

大宝兄弟多，他是长子。按农村的习惯，长子一般要比弟妹们多一点爱怜。可大宝总显得脑子不够用，父亲说一句话，弟弟听懂了，大宝还在"啊？啊？"地问，做什么事都比别人出手慢。父亲说他："你幸亏是一个人，你要是一只猪，抢不到食你会饿死的。"而村里人则说笑大宝是他父母亲的"试产品"，"你没看他下面的弟弟一个比一个灵巧吗？"这也是实话，大宝的几个弟弟都比他乖巧。鉴于此，父亲就没让大宝上学，早早地在队里拿五六折的工分。待得兄弟长大了，父亲腾出西厢三架屋，让他自立了门户。不能怪老子心肠硬，实在是"猪多无好食"。

到三十好几，终于说上了一门亲，舅舅介绍的，是隔壁公社的一个老姑娘。人长得直直络络，做事也勤快，只是小时候得过脑膜炎，留下一点后遗症：和大宝一样，反应慢。对讨老婆，大宝的态度是"拾只蒲鞋配个对"，有女人肯跟他就好，何况人家还是个姑娘。父亲帮大宝东拼西凑找点建筑材料，在西厢那三个屋后拖了一个"斜披"，又伸出三架屋。这样，房里就安得下一张双人床，靠后门处还垒了只猪圈。

有了猪圈，即使队里不派任务，大宝也想养头猪了。养猪是农家的本分，谁家要不养头猪，就好像不正经。况且，大宝还有另外的打算。他最迫切的念头是养了猪除了交任务，还可以舒舒服服地吃一顿肉，已经有半年多没吃到一块肉了，大宝怪想的。当然，这个小算盘只有他自己知道。大宝对妻子阿琴说："这头猪养大了，我们不要卖给公社的杀猪作，让他们过了秤，算了任务，再请他们杀了，肉我们自己拿回来，在村子里卖。"阿琴不解其意，说："这样没什么好处，在自己村里卖，乡邻你家几块，他家几毛，卖的都是零碎钞票，没有现钱还要给你欠着，你能不卖？"大宝说："零碎钱也是钞票啊，又不会少只角，一样用的。"阿琴看他不开窍，有点生气，说："我哪会不知道零碎钞票一样用？我是怕你卖的都是欠账，乡邻隔壁的讨又讨不出口，你怎么办？我们卖了猪是要等着派用场的，你倒好，把这几十块钱欠得鸡零狗碎的，哪天才收得回来？"

大宝摇摇头，笑阿琴不会算账："你想想看，一头猪拿回来自己卖，猪血可以自己吃，头肚下脚也可以自己吃啊。肉都拿去卖钱，自己一块肉都不吃，我们光吃这些留下来的就心满意足了。别的不要说，光一个猪头就可以吃多少天？要是吃不了还可以腌了慢慢吃。你说不是太实惠了吗？"大宝两眼笑眯眯的，流露出渴望的目光，舌头舔了舔嘴唇，仿佛刚吃完一块炖咸猪头肉。阿琴明白了大宝的用意，坚决不肯把猪肉拿回来自己卖，她提高了嗓门"嚷"大宝："你一天到晚只知道啜祭（啜音同戳，啜祭是吃的意思），脑筋和猪一样笨，光晓得吃！说得倒好听'头肚下脚自己吃，自己不吃一块肉'，头肚下脚就不是肉？不可以卖钞票？吃吃吃，不吃肉会死啊？就是不让你吃！"阿琴一番话不留情面，戳到大宝的痛处，噎得他脸皮通红。

大宝见阿琴偏不买自己账，就来了犟劲："不让我吃我偏要吃，就是不卖给杀猪作，看你怎么样！我倒要看看这个家是你说了算，还是我说了算，我说不许就不许！"阿琴见丈夫把话说到这个份上，又急又伤心，也顾不得体面，和大宝哭闹。

吵闹声引来了大宝父亲，父亲不管三七二十一，先把儿子教训一通，然后问缘由。知道是为卖猪的事，老头子甚是惊讶："你什么时候养的猪，有那么大了？"儿子嗫嚅着说："哪有大猪啊，小猪还没有捉回来呢。"老子气得转身就走。

吵架归吵架，日子还是要同了心过。真要去捉苗猪了，又犯了难：没有钱啊。两人商量了半夜没头绪，最后决定忍痛把那张八仙桌卖了。那八仙桌是祖产，上辈人砍了一棵大榉树做的，重得一个人捎不动。用了三代人还是油光水滑、严丝合缝的。反正两口之家吃饭也没那么多讲究，随便找个地方都可以将就。

卖这样的东西大宝不懂行情，又没有几个熟人，一时找不到买主。拿到街上去卖又不敢，就托了乡邻阿忠。阿忠见多识广，很快找到一个主顾，看过货以后商定三十二块钱。到取货那天，大宝却不肯，嫌太少。主顾说："你不是委托阿忠的吗？"大宝说："阿忠是对我说了，可我今天早晨想想又舍不得，那么好的桌子，是我的老祖产啊，你出的价太低了。"主顾看看阿忠，阿忠好为难，问："大宝三十二块太少，那你要多少？"大宝说："起码要二十七块。"两人同时愣住了，又问一句："你说多少？""二十七，少一分都不给。"大宝把脸绷得紧紧的。

主顾笑了，看一眼阿忠，阿忠说："他没上过学，不懂道理，不要听他的，我们还是按照原来的价钱吧。"说完又拉拉大宝的衣襟。大宝却来了蛮劲，瞪大了眼质问阿忠："你说我不懂道理？我哪里糊涂了？这是你的东西还是我的东西？你倒好，贱卖别人的东西不心痛。"一番话斥得阿忠脸红耳赤，无奈地摆摆手说："好好好，依你依你，你后悔别怪我。"说完拂袖而去。大宝接过主顾的钱，数过几遍，看清楚了有两张是十块、一张五块的，放了心，嘴里嘟囔几句，就让主顾捎桌子。

寒暑更替,转眼间大宝的小猪真的养大了,等卖猪这天,夫妻俩早早起床,刮尽了缸底最后一点糠,又掺了点大头粞,煮一锅,把那畜生骗得肚子滚圆。抬到镇上杀猪作,一称,去掉"肚子",还有一百零八斤,标准是一百零七斤。重量倒是够了,哪想收猪人在猪身上一摸一捏,剪子就在猪毛上喀嚓喀嚓剪,报出的出肉率只有"五刀六",也就是百分之五十六,而标准要"五刀七"。出肉率不够,退回去。夫妻俩闷声不响又把猪抬回了家。好在卖桌子的钱还剩一点,花血本买点青糠,又养一角。一角是十天,叫村上的杀猪佬估一下,说差不多了,就抬去卖。果然合格,还多了一斤,当时的价格是每担四十五块二毛,这头猪卖得四十九块二毛七。夫妻俩好不高兴,大宝掖着口袋风风火火往家跑,阿琴扛着工具气喘吁吁在后面跟。

白天要上工来不及数,大宝把一把钞票藏进铁皮的饼干箱里,晚上吃完晚饭,把钱摊在床单上,两人就兴致勃勃地数起来。数了一遍大宝眉飞色舞,说:"啊,怎么多了三块五毛钱"?阿琴不信,反驳他人吃的饭比你吃的盐还多,会错给你?她自己数,一数却少了两块一毛。两人分别重数,数了几次都不是一个数。急了,相互埋怨。阿琴又说起大宝卖八仙桌的事,吊起大宝心火,打起来。阿琴哭着卷起床单,抢过钱就往娘家跑。

娘家人问清原委,摊开床单一数:分毫不差。阿琴破涕为笑。

第二天大宝来赔礼道歉,领回阿琴。回到家却更有好事在等他:买桌子的主顾又把那八仙桌抬了回来。主顾说:"当初看你急等钱用,我没和你争,但无论如何这张桌子让我心里不安。今天你有钱了,我就把它还给你吧?你看可好?"

大宝、阿琴感激得直笑。

三十七、葵花向阳

葵花,俗称向日葵,户户都有种植。春光明媚时,在田角、路边随意种上一行,到盛夏,它就绽开了金黄耀眼的硕大花盘,向这个世界回报灿烂的笑脸。这笑容在六月的骄阳烘托下,特别的热情奔放,任何为生活所累的人,从它面前走过,无不受其感染,暂且放一放心上的重压,对着这个鲜活的生命,轻轻说一声:嗨,开得真好。

小学里的图画课,葵花就是重要画题。一年级学画红太阳、红旗;二年级学葵花、红灯笼;三年级画天安门,再往上就可以画各种图案的组合了。画葵花有两种:一是开花的,一是结籽的。在各种图案中,葵花好像最不容易画,都是弧线。开花的图案,周边一圈花瓣实在繁复,又分不均匀,稍不用心,就画得犬牙交错、羞于见人。结籽的图案虽然简单些,但花盘上籽实的排列同样繁杂,叫人没有耐心。况且,就算你费尽心机画了一个"看得上眼"的,涂了蜡笔兴冲冲交给老师,放学回家一看见路边挺立的鲜活的葵花,那股自信立即蔫了。对照脑子里那幅被橡皮擦得皱巴巴的作业,一股懊恼侵袭了全身。

回到家,看看自己大门上那黄漆描出来的葵花,造型虽然简单,却逼真、精神,你不得不佩服大人们的功力。有段时间,家家户户的大门上都用油漆画上了葵花向阳、"三忠于"、毛主席挥手我前进等革命图案,那是公社文化站的人制好了样板,请人提了油漆桶挨家挨户刷的。干这活的人特别虔诚,只要是他们觉得显眼的、认为平整的地方,就会给你刷上一幅,门、闼、外墙、内壁无一例外。进了中学,知道古代有个叶公"钩以写龙,凿以写龙,屋室雕纹以写龙",立即会想到这些黄灿灿的图案。当然,如果哪家看不到一个图案,那就绝不是什么好事,这家肯定是"四类分子"——没有资格。

社员喜爱葵花不在于它向阳还是向月,而是因为它实实在在的作用。葵花不嫌土地肥瘦,种下就活,几乎不费你手脚。种葵花也不占地方,田埂旁、沟渠边,春天插上一行,秋天必有收获。在物质严重匮乏的年代,一捧葵花子也是待客、访亲的必备,少了它主客都会感到尴尬。尤其是走访城里的亲戚,乡下什么都不如城里多,两手空空上门,将是怎样的难堪?提一包葵花子,彼此心照不宣。一捧葵花子更是农家孩子一年的期盼。春节将临,广播里就忙着总结大好形势,于是几乎每篇文章里都会念到两句诗:"风雨送春归,飞雪迎春到。"听得多了,孩子就知道:要过年了。过年没别的奢望,炒两锅瓜子:一锅南瓜子,一锅葵花子,炒好了每个孩子都分得满满的一份,这是孩子的私有财产,这是盼了一年的希望。各人都把它包得严严实实的,藏在自己认为最隐蔽的地方,慢慢享受一个春节。

葵花是革命的花,再说也没有人把葵花子卖钱,所以种得再多也没人说它是资本主义尾巴,社员就见缝插针,自留地四周都种得满满的,白天看着金黄一片,煞是热闹。要是月明星稀的夜晚,远远看去却会以为是一队人,有风吹过,来回摆动,还以为人在走动。一女社员夜晚赶路,到地旷人稀之地,看见前面一队人在匆匆赶路。女社员以为他们排着队去开会,却纳闷怎么没人说话,疑心遇到了鬼,吓得直冒汗,可又没有退路,慌慌张张埋头往前赶,走近了才看清是一排向日葵。刚想松口气,脚下却被什么东西一绊,摔到了旁边的稻田里。吓得大叫一声,爬起来一摸：是一只大螃蟹。女社员一把抓起，紧紧捏到家。

也有政治觉悟高的人，发现自己的向日葵并不是棵棵向着太阳开，即使开花时向着太阳，一旦结了子，就垂下了脑袋。这人想改造它们一番，他在每棵葵花旁插了一根竹枝，把花盘对着太阳扭着，然后用稻草缚住，认为这样一定"革命生产双丰收"，没料想到收获季节，刨刨每个花盘，都是瘪籽。为世人徒增一个笑柄。

在人们的潜意识里，向日葵可能是最能够引起人类心灵感应的植物了，不但身高和人仿佛，相互间可以平等地对视、交流，而且也长一副圆圆的脸庞，有一种傻乎乎的可爱，叫人看着亲切。但凡名贵的花都有一种诡谲的美，非弄花好手，不敢对其有意，于是就有了"雾里看花"的无奈之叹。葵花不同，花朵美得本分，让你看得踏实，而果实更让你感到生活的满足。遇到村里放电影，家里偶尔也会炒瓜子让小孩解馋。一家炒葵花子，半条巷都闻得到那肥厚的香气。那个年代里，在寒冷的冬天，母亲往你的口袋里盛上半铲刀还在哗叭作响的葵花子，香热顿时包围了你，这是怎么样的一种温暖啊！

三十八、苦夏难挨

一年四季,最苦的是夏季。这个季节,酷热的天气与惨烈的"三抢"大忙交织在一起,毒辣辣的太阳晒得场地发烫、田埂发烫,就连上了一薄层水、准备移栽秧苗的田里也是烫的,不时有烫死的泥鳅肚子朝天浮在水面。社员们在这样的天气里战天斗地,人人晒得脱几层皮,脊背上厚厚一层盐碱花。

白天熬过了,到了夜晚却不能好好休息:蚊子多,屋里热。

对付蚊子的办法,一是熏,二是赶。天将黑未黑时,家家户户都会点起一堆草,用浓烈的烟来把屋里的蚊子熏出去。这堆草往往点在后屋的猪圈旁,因为猪圈里蚊子最多。点烟很简单,用一两个麦柴挽成的草把做引子,把它点燃,待它哔哔叭叭烧起来后,就从猪圈边养兔子的缸里抓一把兔子吃剩的嫩草盖到麦柴的火焰上,顷刻间火焰没了,浓烟滚滚而起,在幽暗而闷热的屋里汹涌地弥漫开来,这叫"熰蚊子"。那些在猪身上吸饱了血的蚊子们被这突如其来的袭击吓昏了头,一番嗡嗡乱撞之后发现后门外是一片亮色,就成群结队的朝门外逃脱,没吸到血的蚊子也只能放弃原来的计划,跟着饱蚊子们嗡嗡嗡地往外飞。这个场面是蛮壮观的,如果你站在门外,可以看到在涌出门外的烟雾里蚊子也像烟一样成团往外涌，随手一抓就是十几只。即使你不用眼睛看，耳朵里也灌满了强劲的嗡嗡声，真如成语总结的聚蚊成雷。所以，夏天的猪是最可怜的，皮肤被咬得赤红，血失去得多了，肉就长不出来，一个夏天基本是白养。

把蚊子“熳”出去后，就将门框上旧蚊帐或绿纱做的门帘放下来，把门口堵住，再在屋里点起一圈蚊香。给猪点的蚊香只能是粗糙的木屑蚊香，这种蚊香是将木屑拌和了驱蚊粉然后用绵纸卷成的，很不容易点燃，弄不好木屑就散了，但它烟大，也便宜。

蚊香点好，熏蚊子的工作就算结束了，但还有一件事必须做，就是“赶帐子”。这是方言，语法上讲不通，其实是赶帐子里的蚊子。帐子里的蚊子必须在天黑前赶清爽，否则睡觉前靠屋里昏暗的“十五支光”（十五瓦）电灯是发现不了它们的。“赶帐子”比较简单，抄起一把结实的芭蕉扇，在帐子里往外一阵猛赶，把几个角落都赶遍，再狡猾的蚊子也躲不过这旋风式的扫荡，乖乖被驱逐出境。

蚊子赶清爽了，还需把篾席擦一下，这叫“抳席”。抳席要到村里唯一的一口井里去吊井水，阴凉。篾席擦洗干净，就把两扇帐门对叠了，压到篾席下面，再用一把扇子插紧，帐门重叠处用两只夹子夹好，这就万无一失了，蚊子本事再大也钻不进去。

抳好席，接下来的活就是搁门。卸下一扇大门来，用两张长凳，把它在门口的砖场上搁起。场上照例用井水洒过，降了温，门板也擦过了。门搁好，小孩子就把早已凉在灶间缸盆里的泡饭端出来，还有两三盘中午吃剩的蔬菜和一碗萝卜干，再把碗筷备齐，一家里有几口人就备几副碗筷，这样就等大人收工回来吃晚饭了。其实这时大人已经收工了，只是有的正在喂自家的猪，有的趁天还没黑尽，赶到自留地里去给蔬菜浇浇水，而大多数人都在村边的河里洗澡。小孩子都是赶在大人回家之前洗好河浴的，洗好了赶快回家“熳蚊子”“赶帐子”去，否则，大人回家吃不上晚饭，就要收拾失职的小孩了。

　　家家户户都在场上搁门,一条巷子几乎被门板连通了。一个村里的人都围在自家的门板两边,吃晚饭。大人人手一把扇子,不时拍打几下也来吃晚饭的蚊子,场上只听见小孩的吵闹声和噼噼啪啪的拍蚊声。天气煞是闷热,如果光顾吃晚饭忘了打扇,赤着膊的男人们,脊梁上就会有一粒粒汗珠暴出来,慢慢地就像蚯蚓一样往下爬,他们顾不得擦,因为往往不等他们把缸盆里的泡饭吃完,队长的哨子就会响起——地里还有农活等着他们去开夜工。鸡鸭也怕热,不肯钻到自己的窝里去。有的被关进了窝里的鸡鸭,也挤开了并不牢靠的栅门,溜到门外乘凉。人们也知道它们的苦,并不呵斥它们,只是惦记着不让跑远。

　　队长的哨子果然响起来了。队长噙着哨子从村东头往西吹,几声吹过就高声报出今晚的农活安排。男女社员们骚动起来,一个个抓起玻璃瓶子里的"蚊子药水"往手心里顿几下,倒出药水往身上擦,把汗湿的身子几乎擦遍,然后穿起厚厚的粗布衣服,把袖口用稻草扎紧,扛起农具跟着队长下地去了,一群人很快就消失在黑暗里。有的大人走远了忽然想起来什么,大声关照:"阿大,别忘了把三只鸡关进棚里去啊,那只芦花鸡最会跑,要看好啊。""噢,晓得了。"阿大就高声应道。

　　大人一下地,小孩子们在爷爷奶奶的帮助下迅速把晚饭的锅碗盆勺归拢,拿到河滩上去洗。一顿晚饭虽然简单,却也吃出了一身汗,男孩子往往脱了短裤跳到河里游一个来回,凉快了一下再上岸,女孩子也会用湿毛巾擦擦身子。黑暗里调皮的男孩就会扎个猛子潜到河滩边去摸女孩子的脚,吓得女孩子高喊"水痨鬼来了,水潦鬼来了",顾不得自家的东西就向岸上逃。得逞的小子在远处暗暗好笑,却不承想女孩子惊慌失措中把他家的筷子拨到了河里,飘走了。

　　夏天,幸亏有一条清凉的河,那是小孩子的伊甸园,大人们的避难所。这不,吃晚饭前刚洗过河浴的大人们夜工结束拖着歪歪扭扭的身子回来了,拉扯掉汗湿的厚衣服就朝河边来。下到齐胸深的水里,站在最后一块河滩石上,窝下身子,把肩膀埋到水里。嘴里含口水,缓缓喷出来,长长舒一口气,这才说出一句话来:"这水里好舒服啊。"在屋里睡了半个觉被热醒的老头也会拖条毛巾,到河里来浸凉。夜里洗河浴,说话都是轻轻地,因为村子已经入睡,更因为累得谁都没有说话的力气了。如果在远处看过来,河面泛动着粼粼波光,含混不清的声音在黑暗里回荡,你会以为是另一个世界的水涝鬼在开会,瘆然不敢近前。可也有健谈的社员,要把白天在生产队唯一的报纸《新华日报》上看到的新闻议一议,或者想起农忙前看过的样板戏里的一个细节,在水里漫无边际地说几句。这是生产队里有点文化的社员,有话憋在肚子里难受,白天干活紧张没时间说,这时说上几句也当解解乏。河对面也有扑棱扑棱的水声,那是另一个生产队的社员也收了夜工。有爱说话的就接上话头说几句,最后隔着河的双方的话题集中到天气上去,"这天气真热""喇叭里天气预报说明天还要热"。仰望天空,满天星斗锃亮,云丝在白天早已被煸干。不时有微弱的闪光在遥远的天际亮过,方言里把这种现象叫"豁豁显","'东豁豁、西豁豁,背皮上晒得辣豁豁',明天看来确实还要热啊"。有人感叹。

水里的舒服是短暂的,夜已经深了,明天一早还要开早工拔秧。大人们在水里泡了泡就上岸去,没有进屋,他们的床已经由孩子们搭到场上来了。家里闷得像烘房一样,只有火气小的老人才躺得住,其他人都用门板或春凳在家门前的场地上搁起了临时的床。外面总会有些凉意,狗和猫也跟着主人在床底下蹭凉快。到了凌晨,还有露水从树叶上滴下来,砸在帐顶,散成水珠落在床上,那张睡梦中的脸会泛起惬意的笑。

深夜的村子才算真正安静下来,只有不甘寂寞的夏虫在树冠上、在小河边、在草丛里卖力地低吟浅唱,它们或许会觉得自己并不寂寞,因为整条村子里,几乎家家户户都会有人在呼噜呼噜打鼾,在应和着夏虫们的吟唱。

酷热的三伏天里,人们一天一天用意志对抗着烈日的炙烤,一天一天用汗水改换着土地的颜色,一天一天计算着立秋的来临。终于在一个酣睡的夜里,一阵凉风有力地刮过,把蚊帐卷了起来。梦中的人们虽然还在梦中,但都不由自主地深深呼吸一口,这浑身的清凉莫非来到了天堂? 蚊帐飘拂着,扰醒了沉睡的人们。他们懒得睁开眼睛,摸索着把帐子压好,然后一头倒下,沉沉睡去,在将鼾未鼾前,脑子里崩出一个甜蜜的念想:秋天就要来了。

三十九、温暖的稻柴

稻柴,顾名思义就是水稻的秸秆,很多地方叫稻草,我们这里固执地称它"柴",也把树枝叫作柴的,那是"硬柴"。我想或许是柴的地位比草高一些吧,因为它在我们生活中的作用实在太大了:苫屋顶、搓绳、编门帘、垫床铺御寒冬、搅河泥做肥料⋯⋯至于一天三餐的燃料自不用说了。看到一个资料,1962 年,苏州、无锡地区的稻柴供应极其紧张,因为政府要征用加工工业品,沙洲地区一个劳力一年只能分到稻柴 175 斤,除了添盖屋面,几乎不剩多少了。而 1950 年新政权建立后的征粮工作就包含了"征草",这"草"就是稻柴,此时的征用应该是用于战争。清代前洲人余治编纂的《得一录》里介绍了用稻柴编"草衣"给穷人御寒的方法,唯恐文字描述不清,还画了插图。稻柴的作用,可谓大矣。

到我的童年时代,草房还能看见,穿草衣的是没有了,政府也只在偶尔的年份少量征购稻柴,但稻柴对人们生活的重要性则一点也没有改变。当然,对我们小孩而言,它不但给予温暖,更给我们带来了快乐。

农谚云:寒露无青稻,霜降一齐倒。霜降开始,后季稻的收割就开镰了。这个季节不像夏天的"三抢"大忙那么紧张。那时强制推广"双季稻","三抢"大忙要抢抓农时,水稻插秧一天也不能耽误。所以前季稻割倒后不等晒干就要收到场上脱粒,往往稻柴分到社员手里还是湿淋淋的。后季稻收割后就是种麦子,麦子生长期长,对农时要求不是那么敏感,加上秋冬季节风干物燥,稻个(就是一小捆稻子,二十四棵稻)都晒得干干的。先收起来堆在田埂上,腾出地来开沟种麦或油菜。等地都种完,脱粒就开始了,这时,生产队的打谷场上就热闹啦。脱粒机一天到晚轰鸣,混杂着嚓啦啦脱粒机滚齿与稻粒的摩擦声,时时还传出扒拉乱柴和稻个供应脱节的吆喝声。稍晚一点,扬稻的打风机也开起来了,呜呜的声浪盖过了脱粒机的叫唤。整个打谷场一片繁忙,声音鼎沸,尘埃蔽天。这是一年中最热闹的时间,把每个小孩都感染得亢奋起来。

打谷场旁边的稻柴堆每天都在增高,这些稻柴要等脱粒结束后才分给各家各户,堆得像一座小山了。平原上的孩子哪个爬过山?现在平地起了"高山",能不勇攀高峰一番吗?于是,孩子个个成了登山英雄,只要大人不注意,"山"上就是一片群猴狂舞,你扔"手榴弹",我掼"原子弹"。砸痛了谁也不哭,否则不光"英雄"脸面尽失,还违反了"军规",马上就谁也不跟你啰唆了。对于一个英雄来说,没人向你开火扔炸弹的日子是多么的难过啊!

不过,谁都要当英雄就成了一场毫无情节和战术的混战,最后只落个吵闹不休,玩了几次就没劲了,还是要组织起来,打一场"正规战争"。这时,孩子王就开始分工,先分"好人"和"坏人"两个阵营,兵力的配备一般是"坏人"要几倍于"好人",因为"坏人"总是不经打的,"好人"起码一个顶十个,这都是电影里学来的知识。

阵营和兵力分配好以后,还要确定干部序列,哪个是司令,哪个是军长,人多的时候干部配备多一点,人少的时候就只能马马虎虎了,有时只有一个光杆司令。"好人"是不需要配备这么高级别的指挥员的,只需配个营长就足够对付"坏人"的军长、师长了。干部配备结束后还要做调整,有的人嫌官小,有的人则不想做"好人",因为做"好人"必须执行很多纪律,而做"坏人"就可以自由发挥个性,以致投降做俘虏。调整结束后还要划定双方占领区域,然后各自"进入阵地","战争"就开始了。

作战一般是"坏人"占领高地,"好人"发起仰攻,如果柴堆够大,还可以配以迂回包抄。"武器"一开始都是稻柴个,可投掷、可抛砸。渐渐地,生产队的扫帚、爪耙、翻耙都被偷偷弄来,当成了步枪、机枪等高级武器,大大加强了战斗力。"坏人"的失败是一定也是必须的,没有哪场战争可以让"坏人"获胜。当"好人"端着从"坏人"手里缴获来的各种"武器",威风凛凛地押着俘虏下"山"时,战争结束了。但往往,正当大家七嘴八舌总结作战经验时,大人骂上来了。原来,"战后"的稻柴堆一片狼藉,很多柴个都已被践烂,日后分给社员须重新捆扎。于是,鸟兽散也。

在稻柴堆上打仗,大人要骂,而"挖地道"大人往往睁一眼闭一眼。所谓"挖地道"就是把稻柴堆中间搬空,形成一个曲里拐弯的空间,里面稍加支撑,就成了我们的"洞天福地"。洞口用柴捆堵住,不让别人发现。每天吃好晚饭,干完家务就可以挪开洞口钻进去,在里面开始我们的洞中岁月,或"开军事会议"或进行小规模的"地道战",或什么都不干,躺一会,闭眼静听外面嘈杂的声音,在漆黑的世界里展开无限的想象。不是每个人都有资格进入"地道"的,因为空间毕竟有限,要是这几天大家关系融洽,则采用轮流坐庄制,否则,就有人只能干瞪眼了。而夜里谁能住在"地道"里,则需要严格筛选。首先是要"开挖地道"的有功之臣,其次是虽未出力,却是"强有力者"。不管是谁,要住在"地道里"都有一个先决条件,就是不会被大人骂回去。小孩做事最怕大人骂,主要是有的大人不光骂自己的孩子,还指桑骂槐,总以为别人带坏了自己的孩子。这样的大人是最讨厌的,所以,这家的小孩肯定没资格。还有,要遗尿的也别来,让人"担惊受怕"。

实际上,住在洞里也是面上风光,睡得并不舒服:"床铺"肯定是不平的,一个一个柴个排起来,有些地方硬,有些软,睡着咯咯愣愣的,第二天起来腰酸背疼。家里也不会给被子,那时孩子多,都是兄弟合盖一条被子,你拿走了别人盖什么?而且被子那么金贵,怎么舍得让你拿到"地道"里去撒野呢？都是和衣而卧，夜里冷就往身上扒拉点乱稻柴，像猪一样缩在乱柴里。半夜尿急，钻出洞来，外面已是寒月挂西，白霜满地。偶尔，远处传来一两声鸡啼，顿时觉得天地萧瑟，似乎整个世界只剩下了自己。"鸡声茅店月，人迹板桥霜"，长大后读到这首诗，我脑子里立即会浮现此时的场景。一阵冷风过来，打个激灵，缩紧身子，赶紧溜回洞去。睡不了多久，广播就要响了。农忙时节，公社广播站的喇叭开得特别早，附近电线杆子上的高音喇叭一响，直刺耳朵，想睡也睡不成了。嘟嘟囔囔地爬起来，抖抖身上的乱柴，活动活动酸疼的身子，回家烧早饭去——这是大人同意你住在外面的条件之一。

在"地道"里也是住不了几个晚上的，等脱粒结束，队里就要挨家挨户分稻柴了，于是，半天时间，高山就夷为平地，"洞天福地"的幸福生活要到来年才会有了。

稻柴分完后，经过几天暴晒，就被垛成了一个一个像碉堡一样的柴垛，我们叫"柴积"。这个"积"古音是可以读"恣"的，储蓄的意思。农民把稻柴堆成堆，储蓄起来，慢慢使用。一个柴积几乎占地一间屋，每家都有一两个甚至两三个，还有生产队留用的，村子里的空场地几乎都被占满了。柴积之间只有一条窄窄的通道，我们叫"柴积弄"，这是狗们最喜欢的地方，有儿歌唱道："天上星多，地下人多，柴积弄里狗多。"有的狗两情相悦一时兴起，做出不堪的事来，被同样不堪的男人用扁担抬起来。两人扛着被欲望锁在一起的两只狗，在村上"游村示众"，直到它们脱开。这个恶作剧的娱乐道尽了人们的穷极无聊。

严冬很快就来了，江南的冬天最难熬。躲在屋里也没用，墙壁透风，风是冰刀，又冷又潮。好在有稻柴，把长得清白的稻柴挑出来，晒得干干的，扒掉柴壳，铺到床上，厚厚的一层，上面只需压一条旧被絮。睡在这样的床上，又软又温暖，尤其是新铺的几天，还有阳光的余香和稻柴清甜的香气。啧啧，再冷的冬天又奈我何呢？不过往往有人经不起考验，乐极生悲，这就是尿床的小孩。睡得太舒服了，尽做美梦，梦见自己要浇

花,梦见自己很懂事,撒尿撒在自家菜地里……长大后听到一个故事:
隔壁公社一个年轻社员睡了新垫稻柴的床铺,几天后突然鼻子出血,送
医院不治身亡,诊断为鼠疫。推测那铺床的稻柴堆在田里时被老鼠做
过窝,感染了鼠疫。

寒冬里,孩子们上学脚上穿的都是稻柴编的"芦花蒲鞋",其实是稻
柴夹了芦花,看上去毛茸茸的。"芦花蒲鞋"不适脚,里面空空荡荡,穿着
不好走路,也不保暖。大人会给你塞一把捶打得柔软细密的稻草,让它
把你的小脚软软地包裹起来,又与鞋体紧密结合。

这和铺床柴一样,是最贴心的温暖啊!

不知不觉,年关就在眼前了。过年前,大家必做的一件事就是洗澡。
一个冬天不洗澡,无论男人女人,身上早已结了一层垢痂,用指甲刮刮
都能撕下薄薄一层来。于是,生产队里平时烧猪饲料的浴锅就忙个不
停了,家家户户都要在这里烧水洗澡。烧水都要拿自己的柴,一家快洗
完的时候,等待着的另一家主人就挟着一捆稻柴,拖老带小到"浴室"去,
添水烧火,在浑浊的浴水里把自己洗白,大家自嘲为"浑泥浆水汰白萝
卜"。洗完了,剩下的稻柴再带回来。也有贪小利的人家,挟去的是瘦瘦
一捆,带回的却是肥肥一抱。不但烧火用的是生产队的稻柴,回来还顺
手牵羊。

不要小看了这几根稻柴,它在人们心目中的分量可不轻。当他们
在人家门前经过时,门缝里射出的是鄙夷的目光。我还亲眼见过邻村
一个男人因偷了我们生产队的一捆稻柴被抓去斗争,还挨了一顿打。

稻柴还是衡量人品的试金石。

四十、铁路掸煤

　　不知是哪来的消息：洛社的铁路上有煤屑，可以掸来烧。正是冬闲时节，队里好多人都去了。铁路就在十里之外，朝去夜来。去的人回来都说"没交易，掸不到什么"，但没有人歇手，还是天天朝去夜来，白天村子里见不到人影。队长家的大女儿丽霞，在中学说谎请了假，天天上铁路。

　　李新堂皱着眉头思虑了几天，终于对父亲说："我也要去掸煤。"父亲皱起了眉头，不说话。想了半天，说："你去，要好好的。"又叹口气："都是我害了你……"说完看看门外。一个被拔得东残西缺的柴垛下，几只母鸡懒洋洋地在晒太阳。

　　李新堂的父亲李金生是"漏划地主"。李金生本来不是地主，是"伪保长"。中华人民共和国成立前有十几亩地，还在街上开了个南货店。日本人被赶走后没太平几天，又打仗了。镇公所要向农户收缴军粮，征壮丁，任务都要摊派到保长头上。原先的保长顶了两年，吃不消，逃出去了。镇长要李金生做保长，李金生自然不肯。李金生不肯做保长，镇长就不让李金生在街上好好开店，他只能答应了。李保长收不齐军粮要自己贴，买壮丁钱不够要自己贴，苦不堪言，好在很快就解放了。解放后李金生评的成分是"富裕中农",这让他很安心。但"文革"来了,因为他当过"伪保长",又有十几亩地,而农业户口只有三个人,所以被批斗了几次后重划成分,李金生就成了"漏划地主",戴上了"四类分子"的帽子,老老实实改造,接受人民群众监督。

地主儿子李新堂一开始不敢去掸煤,铁路上的东西都是国家的,哪能让人随便去拿?可是李新堂今年要养两头猪,全家一共三个人,队里分的稻柴只能勉强供人烧饭。猪要吃熟食,买不到煤,炉子都生不起来。队长去年照顾他只养一头猪,今年的养猪任务也是两人一头,但去年少养的半头,今年要补上。多养一头猪不是小事,饲料不够是大问题,烧柴不够也是大问题,李新堂出身不好,啥门路都没有,这问题就更是大问题。李新堂不声不响看了掸煤人几天,虽然不见他们把煤挑回来,但他打听到了,是把煤寄存在铁路边的亲戚家里,等积多了就开船去摇回来。他终于壮起了胆子。

李新堂没有同伴,铁路边也没有亲戚,他弄了两个麻袋、一副细麻绳络子,当天掸的当天就挑回来。掸煤的细节他都打听清楚了,掸子是自己剪了竹梢扎的,小巧但结实。煤屑都散落在铁路两边大路旁的树林里,火车边开边喷气,顺便把炉膛里的煤屑也喷了出来。铁路边的人看不上这个,他们可以等运煤的火车慢慢靠站时,直接用耙子从车厢顶上往下扒,这是真正的优质煤,他们烧不完。铁路上的人也管不了他们,睁一只眼,闭一只眼。

第二天,四点钟一过李新堂就起身,他要起得比别人早,要赶在别人前面才能占到没人掸过的好地段。吃了早饭,卷上母亲摊好的面饼,拿起麻袋、铁畚箕就出门了。冬天的黎明又黑又冷,路上没有一个人,只听见远处的鸡啼叫声和自己的脚步声,这让李新堂很放心。十里路不长,半个小时就到了铁路边,天正好蒙蒙亮,在眼睛看得到的范围里,没有一个人。李新堂想越靠近站台,掸的人一定越多,所以他要反其道而行之。他离站台远远的,朝着站台的反方向寻觅,却发现铁路两边都有掸过的痕迹,地上一道道掸帚划过的白印子,细石子、小草都被扫乱了。他有点失望,想自己是吃了馒头来洗蒸笼了(无锡歇后语,意为来晚了)。都掸完了么? 李新堂还是不死心,他改变思路,干脆朝站台方向觅过去,却发现靠站台近的地方,反而没人掸,这让他喜出望外。

李新堂把麻袋、扁担藏在干涸的沟里,盖上一点枯草。操起畚箕、扫帚就钻进树林子,唰唰掸起来。掸煤屑不是技术活,只要是黑的,都扫到畚箕里。细石子和煤分不开,一起掸进去,回家再拣。他第一次遇到这样的好事,这是平时花钱都买不来的宝贝,现在竟然不要一分钱就属于自己了,他的眼里放出光来,这黑色的小颗粒被他放大了,不断地溜进他的畚箕,掸煤效率出奇地高。畚箕满了就倒成一堆,继续往前掸。

太阳升起来了,树林子外面的雾气里开始有来来往往的人影,偶尔也有丁零作响的自行车,让他觉得街镇的繁华。这个街镇属工厂多,到上班时间了,这些拎饭盒的工人看到树林子里一个黑影在闪挪忙碌,也不觉为奇,他们见多不怪。可是李新堂紧张,他看到树林外面来往的人越来越多,太阳也越来越亮,雾气慢慢散了,不安起来。他停下手,把掸帚、畚箕藏到大树背后,走出树林,假装行人,在路上走。走过去,又走过来,眼睛关注的或是畚箕和掸帚,或者是煤屑堆。不时还闪到路旁麦田里,背对着大路,解开裤子,假装撒尿,就是为磨时光,好等上班人走光了,再进去掸。

上班人终于走光了,路上人少了,李新堂钻进树林,又操起了掸帚。掸了一阵,真不敢再掸了。他在树林的缝隙里看到远处穿蓝色制服的铁路工人出来走动了,还噻噻地吹哨子。一会儿有火车停下来,一批人热热闹闹地上去,一批人稀稀拉拉地下来。这是他最害怕的,万一那吹哨子的看见他,对他噻噻一吹,拉进办公室去问问,那还了得。李新堂决定见好就收,他跑到远处找出麻袋、扁担,把一小堆一小堆的煤屑灌进袋子,掂一掂,煤屑混着石子也有三四十斤,可以烧几天了。他挑起担子,在红彤彤的朝阳里,大步流星地往家赶,母亲摊的面饼也没咬一口。

　　有了第一天的经验，第二天就顺利了，又是起个大早，掸回来三四十斤。别人都是带了干粮在铁路上掸一天，李新堂不敢冒险，既怕铁路上的人，也怕掸多了自己人嫉妒。他很满足于自己的计划，这样最安全。

　　可是，计划最周全也料不到意外来找你。

　　第三天，大雾。吃早饭时，漏风的门缝里就有一股一股的雾气涌进来。出门四顾，摸不清东西南北。好在只有一条大路通到洛社铁路边，而田间的几条小路坎坎坷坷，都有自己的特征，不会走错。李新堂高一脚，低一脚，摸索着走到铁路上，头发上结满了水珠，眉毛也被雾气染白了。他在铁路北边的树林里掸了两天，快要掸到车站了，今天趁大雾，再掸一会就转移到铁路南面去。

　　掸完最后一段，雾淡了点。把煤屑灌进袋子，扛着袋子过铁路。李新堂最怕车站有人出来，所以人虽然往南走，眼睛却一直朝东面的车站看，双脚一直走在铁路上也没觉得。隐约听见火车汽笛呜呜呜地叫，有火车来了。来就来吧，反正跟自己没关系，它走它的路。火车呜呜地叫个不停，他加快了脚步。忽然听见尖厉刺耳的呼啸声，听得他心惊肉跳，正要看个究竟，却见一辆巨大的火车出现在他眼前，车轮冒着火星哐哐哐直冲过来。他想逃开，火车却在尖叫声中刹住了。李新堂突然明白这事可能跟自己有关系，赶紧往旁边逃。火车上跳下来两个穿制服的人，嘴里大叫着追他，车站上几个穿制服的人也大叫着跑过来。穿制服的人合力把他按住，七手八脚揪起来，拎到火车旁边。车上跳下来的两个人不停地骂，骂的什么李新堂根本听不清，他已经吓得灵魂出窍，只知道自己惹了弥天大祸。他想如果一列火车给自己弄坏了，怎么赔得起？远处也跑过来不少看热闹的人，都在喊"轧死人了，轧死人了"。

　　众人跑来一看：没轧死人，原来火车刹住了。再看看被揪得破衣烂衫、缩成一团的李新堂，大家以为他是一个叫花子。铁路上的人要把这个肇事的家伙带上车，押到上海去处理。原来这是一趟南京开往上海的快车，中途出了这么个事故，司机也有责任。李新堂明白了自己的罪行,听到要押到上海去,怕要被枪毙。他浑身僵硬,手脚瑟瑟发抖,都站不起来。看热闹的人围了一圈,七嘴八舌地议论。有人劝说:"跟一个叫花子有什么好计较的,放了算了,又不是阶级敌人故意破坏。"几个人附和这说法。一人看到李新堂远处扔掉的扁担和半袋子煤屑,看出了端倪,趁着混乱,靠上去,踢踢李新堂的腿。李新堂注意到这个人,绝望的眼神辨不清那人何意。那人朝他眨眨眼,又悄悄指了指北面。李新堂忽然明白过来,顿时一股热血涌上脑门,他趁那人靠过来,把自己和穿制服的人隔开的当口,一个弹跳蹦出去,跳过两三米,又连蹦几下,已是十米开外。这里就看出农民跟工人的区别了,农民天天在田里做苦力,体轻力大逃得快。穿制服的人紧追上去,但大雾里只见那个猥琐的身影越来越小,最后消失了。穿制服的人悻悻之下,跳上火车,火车呜呜开走了。

李新堂一口气逃回家,逃得口吐白沫。一家人心惊肉跳了几天,就怕有陌生人来敲门,一旦被抓去,吃几年官司是起码的。直到村上去掸煤的人回来讲铁路上出了大事,一个叫花子差点被轧死,逃掉了,他才放心。

在家里窝了几天,阿兴竟然意外地来找他商量掸煤的事。阿兴属于长一辈的人,他在合作社时第一个献地,烧地契,被发展为党员。阿兴这个党员只会死做,脑子转不灵,没人愿意带他出去,一个人又不敢去,就来找新堂合伙。李新堂心里发虚,洛社是万万不能去了,要去只能往西,到武进的横林、戚墅堰一带去,但那里路远,当天不能来回,要去就要向队里借船。他叫阿兴去向队长借船,队长说两个人摇一条船太招摇,社员会有说法。不如再带两个,四个人一道去,阿兴只能答应。其他两个人根根和茂兴都是"反动者家属"。这两人平时也是双脚灌在瓮头里的人,不敢多说一句话,不敢走出生产队半步。队长可怜他们,让阿兴这个共产党员"监督"着他们,阿兴对别人说话也能硬气点。

阿兴、李新堂、根根、茂兴四个人摇了一条船,船上备了行灶,带了一个礼拜的口粮,准备到武进县的铁路上去干一场。早饭过后开船,摇到戚墅堰镇上,快到吃饭时间了,把船停在一个大河滩旁,他们带好缆绳准备生火做饭。阿兴淘米点行灶,新堂拎个热水瓶去岸上找老虎灶泡水。其他两个闲着没事,说到岸上去转转。阿兴关照说不要走远,两个人都答应了。

李新堂跑了几条弄堂,找到老虎灶泡好水。心想吃饭还早,难得出来一趟,戚墅堰市面大,不如到街上看看,就提着热水瓶转悠起来。转了两条街,看看有的店里女营业员已经在吃饭了,就往船上去。到了河边,船停着,行灶还在稀稀拉拉地冒烟,却一个人都不见,再一看,一支橹也没了。感觉不对劲,李新堂放下热水瓶就在附近寻找,还是一个人都找不见。河里船来船往,别的船上没有熟悉的人影。李新堂心揪了起来,知道出事了,哪里也不敢去,饭也没心思烧了,蹲在船上等他们。久等不见,又跳到岸上去张望,还是没有。

两个时辰过去,太阳偏西了,河面上起了风,李新堂缩紧身子想进船舱,在稻草上避避风,"新堂,新堂!"阿兴却突然出现了,跌跌撞撞朝船上过来。到船上,一把拉住李新堂就哭诉起来。原来是那两个到岸上去闲逛,就在河边,看到一个单位门口有一堆煤渣,里面黑的不少,没烧干净。他们觉得可惜,就在那里盯着看,说还有多少可以筛出来烧的。说着说着就引起了里面人的注意,门卫带了一个人出来,骂他们想偷煤渣。说前一阵就被偷掉一堆,正抓不到人呢,倒又来了。两人本来就笨嘴拙舌的,被人一骂就更说不成话。那两人看看这边词穷、胆怯,气焰更盛,认定对方是贼,竟把两人拉到了派出所去。所长听他们说船上还有两个人,立即派人把阿兴也抓进了。那单位的人则冲到船上来,搯一了支橹去,说要赔偿上次偷的煤渣。

阿兴在派出所一五一十把他们三个的成分都交代了出来,所长涨红了脸,训斥阿兴没有共产党的样子,带着三个四类分子家属出来破坏革命和生产,说要严肃处理,处理完了再打电话叫队里派领导来赎人。训斥一通后就勒令阿兴写检查,写了半天,看看天不早了,关起来还要安排他们三个晚饭,不划算,反正一支橹扣着,也跑不了,就放他回来,并让他明天把漏网之鱼李新堂也交上来。说话间,其他两个也耷拉着脑袋回来了。

天色暗下来,到吃晚饭的时间了,四个人蜷缩在船舱里,都不说话。除了听候处理,他们还能怎样呢?绝望了半天,李新堂站起身来,说,"我去看看",就上岸去。一会儿回来了,咬着牙狠狠地对三个人说:"只能豁出去了,这样,你们把船移过一点,撑到那单位门口去,等我去把橹偷出来,你们接到橹就死命往家摇,不要管我。"说完用草绳扎紧了棉衣和裤管,噔噔噔地踩着跳板上岸去。李新堂踅摸到那单位门口,侧着身子看看门卫室,电灯亮着人不在,应该是去吃晚饭了。大门是钢管焊的,也没锁,院子里那支熟悉的橹直挺挺躺在那里。李新堂用肩膀轻轻顶开大门,又踮起脚尖紧跨几步挨到橹边,双手抓起,扛上肩就往外跑,打开的大门没有障碍。出了门,李新堂就往船上奔。单位里有人看到了,失声叫着追出来两个人,高喊"捉贼、捉贼"。李新堂已经冲到了船边,把橹往船上一搡,顾不了别的,拼了命继续往前逃。船上人早有准备,接过橹,撑开船就往河心摇。追出来的人不敢下水,掷了一通乱砖砸船上人,见无计可施就去追李新堂。

李新堂钻进弄堂,早已不见踪影。

四十一、全科医生

徐玉明是大队里唯一的男赤脚医生,他本来不是医生,是王庄生产队会计。高中一毕业就在队里当会计,大队干部看他业务不错,人也朴实,就叫他兼管大队保健站的药品收支账和合作医疗的补贴账。时间长了,跟大队保健站的几个女赤脚医生熟了,女医生们一致要求大队把徐玉明调来当赤脚医生,理由是没有男医生,有时候很不方便。

徐会计当了徐医生。徐医生一开始只是跟着女医生配配药,写写处方,慢慢就开始量体温、听心跳,半年后就给人看病了。社员到大队保健站来看的大都是常见病,用药轻一点,不会有风险。徐玉明也认真,借了书白天黑夜地看,公社卫生院召集培训,他问得最多。徐玉明还有个优点是脾气好,跟病人说话轻声细语。遇到耳朵不好的,会凑到人家脑袋旁边说话,惹得病人不好意思。两年下来,徐医生竟然成了人人喜欢的"名医",夜里叫急诊,敲他门的最多。

其实,当初女医生们要徐玉明来当赤脚医生,真正的原因她们都没说。农忙季节,各行各业都要出人支援农业第一线,大队要求保健站也出一个人,到田多劳力少的生产队去莳秧。莳秧是个苦活,弯腰屈背的,一天莳下来腰都要断了。而"支农"就要十天半月,夜里有病人上门喊还要出夜诊,比社员还要辛苦。女医生吃不消,都轮流去,徐玉明来了,这"好差事"就由他承包了。在队里莳秧,有社员问他家里的猪几天不好好吃了,会不会治? 徐玉明叫他到保健站赤脚兽医那里去要点兽用土霉素,拌在猪食里。社员听徐医生的话,猪果然有胃口了。也有问他家里兔子烂爪子、烂鼻子,快要烂死了,有什么办法? 徐医生也叫他用土霉素粉擦,并在养兔缸里垫一层厚厚的干土,以后看见潮了就要及时垫干土。一个星期下来,兔子的烂爪子也好了。社员夸他真神,他说看人和看动物原理是一样的,就是药的好坏不同。这事传出去,大队主任就找他了,原来大队的赤脚兽医不安心跟猪羊打交道,不肯干了,主任就叫徐玉明把兽医也兼下来。

徐玉明觉得这个决定有点荒唐,哪有人兽共医的? 可主任说我们就是要创造一个合作医疗的新生事物,给大家树立个样板。这事上升到这个高度,徐医生就没话说了,于是第二天出诊药箱里就备了人兽两副注射器、两套药品。病人看到徐医生从猪圈里钻出来就到床边,刚拉过猪腿、猪耳朵的手就来给自己摸屁股打针,一时竟分不清自己和自己的猪到底有多大区别。

社员看徐医生的眼光有点变了,还调侃说徐医生包的药总有一股猪屎的味道。徐玉明也觉得自己不像个医生了,走到村里脚步都是别扭的。他跑去跟主任说兽医不能兼,主任很不高兴,他刚把这个新生事物宣传出去,怎么能半途而废呢? 徐玉明悻悻而归。

不过没多久,主任就不要徐玉明兼兽医了,叫他好好当给人看病的赤脚医生。主任把原来的兽医又叫了回来。这事徐玉明很感激主任老婆。

这一天主任老婆忽然生病了,发寒热,躺在床上。主任叫徐玉明去看看,说热度挺高的。徐玉明出诊到主任的生产队,先去看了根林家的母猪。母猪还带着十几只小猪呢,拉稀,拉得双脚发软,最后躺在角落里不肯动弹。小猪奶不够吃了,尖叫着满圈乱窜,窜得猪屎满圈。徐玉明没有让根林把母猪拉到身边来，而是一脚一脚踩着猪屎，走到猪圈角落里去给母猪打针。根林很感激，明明知道徐医生不抽烟，还是递给他一支大铁桥香烟，还推让了几回。给母猪打完针，徐玉明顾不上洗洗手，忙赶到主任家，给主任老婆看病。徐医生很殷勤，又是量血压又是听心跳，主任老婆似乎不领情，躲闪着徐医生热情的手，说："我是小毛病，你打一针配点感冒药就好了，你那么忙，快点到别的村上去吧。"徐玉明麻利地打完针，知趣地告辞出来，他在主任的地板房里留下两串夹带猪屎的脚印和满房间的猪圈味。据说主任当天回家就被老婆臭骂了一顿，第二天主任就叫徐玉明只当赤脚医生了。

徐玉明挎着专门为人治病的药箱，轻快地走在春明大队各个生产队的田埂上，到哪里都有迎接他的急切的眼光和殷勤的笑脸，他觉得自己很重要，也很满足。

春节说来就来了，社员家家蒸糕、做团子，把自家供应证上允许买的那一点点副食品买回来，用在春节待客。还要找门路弄点黄酒、白酒，苦了一年，春节总要放开肚皮吃几天。这一吃，徐玉明他们就忙了。

越是春节，赤脚医生越是忙，白天忙，晚上忙，白天吵架惹事的多，晚上吃坏肚皮的多。苏南有句俗话叫"穷相骂"，因为穷，不如意的事情就多，为了一口吃的，也会闹得鸡飞狗跳。不过按风俗，年初一只能说好话，不能吵架骂人。所以，再有龃龉也得忍着，至少留到年初二去吵。年初二这天，上午平安无事，徐玉明下午睡了一觉刚要出门看人家打牌，就有人火急火燎跑来喊他出诊了：他母亲跟儿媳妇吵架，被媳妇气得晕过去了。"我娘七十三岁了。"来人反复说这一句，强调危险性。徐玉明抓过药箱就往路上奔，还不时抄近路，把七十三岁老太的儿子甩下十坵田。

七十三岁老太坐在竹椅凳上，竹椅凳摆在家门口太阳里，老太晒着太阳，一对小脚穿着的棉鞋下还烘着脚炉。见到徐医生气喘吁吁地跑来，眯着眼睛问："是我家儿子来喊你的吧？"徐玉明指指远处跟跄而来的人影。老太叹口气,道:"看我要气死,他倒急了。现在我已经好了,你回去吧。""刚刚就差一口气,不然就翘辫子了。"老太又补充一句,似乎是安慰徐医生的出诊。徐玉明木木立在那里,儿子也到了,问母亲:"你怎么就好了?""我能不好吗? 新年新势的说话不讨吉利!"老太用她的小脚把脚炉往外拨了拨:"喏,她把脚炉还给我了,我就好了。"老太解释她"好了"的原因,原来是儿媳妇跟她争脚炉,争得大吵起来。"这是我的嫁妆,她又没带嫁妆过来。"见母亲又要絮叨"敏感"话题,儿子赶忙岔开:"好了,好了,多说不会长块肉,人家徐医生也要回去了。"说着不好意思地推了推徐医生的药箱:"谁知道她自己就好了呢。"徐玉明说那他就回去了,背好药箱回家。

夜里过了八点半,听完喇叭里的结束曲《国际歌》,见没有人来喊出诊,徐玉明就进房间,脱衣睡觉。刚钻进被窝,大门就乒乒乓乓响起来,"来了来了",他早已习惯这样的动静了,不紧不慢地应一声,起床穿衣。

病人是赵巷的阿奎,村上有人结婚,喝多了酒。虽然躺在床上,但吵个不停,说自己难受,要死了,一定要喊徐医生来看看。家属一开始也不愿意惊动医生,但架不住他一直说自己这里那里不舒服,怕他真有什么不好。徐玉明问清了"病情",压压阿奎肚子问痛不痛,阿奎说不痛,想呕。又用听诊器听了听,跟阿奎说没事,睡一觉就好了。阿奎很不满意,骂徐医生糊涂:"你连寒热都不给我量一下,就说我没病,不行,你不能走。"徐玉明笑笑,说:"你倒比我还懂。"就悄悄关照家属去拿根细一点的筷子来。徐医生把筷子凑到阿奎嘴边,叫他闭上眼睛张开嘴,就插进一截,叮嘱阿奎含住了,给他量体温呢。阿奎笑了,含糊不清地夸徐医生。徐玉明让他别说话,说话会把体温表咬断,到时候水银灌到他肚子里就完了。阿奎很听话,不响了,一会儿就打起了鼾。

徐玉明从阿奎家出来,同村另一家又来喊了,也是喝酒喝的。阿奎老婆说两个都是活宝,拼酒拼得都要喊医生。原来是这一家病人跟阿奎坐一桌,病人是新郎的叔叔,本来没啥酒量,可看阿奎一碗一碗灌黄酒,心疼侄子,又不能夺了阿奎酒碗。"被别人喝去,不如自己喝到肚子里。"新郎叔叔一想,就壮起胆子跟阿奎喝起来,喝喝就倒下了。新郎叔叔也是个烈性子,让人抬到了床上,就开始骂人,骂阿奎贪酒,骂老婆不体贴,骂全村人。骂累了觉得头晕房顶在转,大喊不好,要脑出血了,快叫徐医生。徐玉明怎么安慰他,新郎叔叔就是不相信,一定要徐医生给他挂盐水。"要是死了,我明天就砸你家大门。"他威胁徐玉明。徐玉明说:"好好,你闭上眼睛休息,不能激动,我这就给你挂盐水。"说完走到门外折一截扫帚丝,到床前拉过新郎叔叔一只手臂,用尖尖的扫帚丝戳他的皮肤,问痛不痛?"有点痛,我吃得消,吃得消,你尽管扎好了。"新郎叔叔很牛气。"好的,给你挂盐水呢,你睡吧,醒来就好了。"徐玉明安慰他,新郎叔叔很听话,妻子用被子给他蒙住半边头,他就睡了。

第二天,村里人都在传徐医生治病的高招,夸他不但能治人病、猪病,还能治"精神病",是个全科医生。两个"病人"第二天爬起来,都不好意思往人多的地方去。

四十二、能人方平

　　方平常年驻扎在湖北一个小县城,负责自己公社磷肥厂的磷矿石供应。他在那里经营了两年多,打通了矿上和航运公司的关系,市面上紧张得不行的磷矿石随要随有,同样紧张的长江货轮也可以随到随装运,方平如鱼得水,他几乎成了公社磷肥厂的摇钱树。可是,他突然被关起来了,已经关了三个月。公社领导派了两批人去营救,第一批是公社打击投机倒把办公室负责人,带了一个助手,去了几天就回来了。说那里对外地去的人查得很凶,稍不小心就可能被抓进去,他们连方平的人影都没见到。第二批由公社人武部部长和保卫组长出马,公社领导指望他们发挥特长而凯旋。谁料想他们摸到对方门口,看到一长队被关押的人一人一部小推车在拉黄沙,旁边有人监视着,吓得不敢靠近,远远看了一眼,也没看清哪个是方平,就算掌握了情况,回来交差了。

　　公社领导犯了难,都关了半年了,可怎么向他本人和家属交代! 到了春节,方平还是没有回家。父亲七十寿诞,按道理总要请亲戚吃顿饭热闹一下,可现在家庭主心骨生死不明,哪还有这个心思? 大年初一,一家人关起大门流眼泪。熬到正月初八,方平老婆就憋不住了,公社干部刚上班,她就哭进了公社大院。书记把她接到办公室,听了哭诉,自己也忍不住要陪着掉眼泪。书记发狠心，这次一定要找两个办事稳重的人去，"活要见人，死要见尸！"书记顾不得新年里说话禁忌，咬了牙给方平老婆作保证。

方平是公社磷肥厂的供销员，方平还不是一般的供销员，他是领导心目中的能人，他有好多故事被人流传。在他还是红光大队五金厂供销员时，一次带着领导到一个大城市出差，出火车站已经是夜里了，在火车站有个旅客住宿介绍处，递上介绍信，对方看到是乡下来的，工作人员眼都不正视他们，就唰唰填好一张单子，嚓地撕下来，"喏，去吧"。方平接过一看，介绍的三个招待所都是最低档次的，心里有气，但也没办法。住宿是讲级别的，级别高的住宾馆，级别次一点的住旅社，乡下人什么级别都没有，能让你住招待所已经是大吉了。招待所如果住不上，就只能住浴室，十几、二十几个人共住一屋，大小便要到外面马路上去找厕所。那个时候住宿，旅客不能自己去找地方，必须由市里相关部门统一安排。这个部门在轮船码头和火车站都设一个调度机构，旅客先要到那里登记，然后由对方根据来客单位和身份安排相应的住宿地方。旅客凭着这里开出的单子再到指定地方去住宿。对于这个待遇，方平习以为常了，不过，今天带着厂长，自己面子上总有点挂不住。

单子上写了三家招待所，意思是一家住满了可以再找其他两家，服务也不可谓不周到。可有时候会一家都不能收留你——都住满了。方平以前没遇到过，偏偏今天遇到了，要命的是身边还跟着个厂长。在黑灯瞎火的弄堂里转来转去，跑完三家招待所，已经深夜了。被女服务员无情地回绝，方平又饿又尴尬，只得对厂长说："今天我们就在这招待所门口将就一夜？明天早上我保证我们一定能住进去。"说完从旅行包里拉出一张塑料纸，铺在招待所门口的水泥台阶上，让厂长躺下。这塑料纸是社队企业供销员出差的标配，坐长途火车买不到坐票时、到业务单位负责人家门口蹲守都需要它，像今天这样就更不用说了。厂长也理解供销员的不易，又是吃惯苦的农民，台阶上宿一晚也没啥，只是对方平保证的明天早上一定能住进去将信将疑。

两人睡睡醒醒熬了一夜,天终于亮了,招待所门口人来人往,不等工作人员出来赶,两人已经收起了塑料纸,坐了起来。附近有个厕所,一群妇女在哗啦哗啦刷马桶。方平让厂长去那里找水刷牙,自己坐在原地看着包。等厂长刷完牙回来,方平和包都不见了,只听见招待所里在吵闹,厂长听到有一个声音是方平,就推门进去。果然是方平在跟招待所女工作人员吵,一张介绍信被扔在地上。厂长怕踩烂了,捡起来攥在手里。女人嗓门又脆又亮,汤婆子般的圆脸因为发火而变得椭圆,眉眼间都是鄙视,她叫方平滚出去:"别说没房间,就是有房间,就你这个态度,也不给你住。"她很不屑地教训方平。她不知道,方平要的就是她发火,嗓门越响越好。方平故意扯开嗓子跟她闹:"我昨天夜里来你说住满了,一个床位都没有了。我在门外守了一晚,今天还头疼感冒了。"方平摸了摸额头,似乎真的感冒的样子,继续闹:"刚才退房出去了三个人,总要轮到我了吧? 可你还是说没有床位,你的空床位到哪里去了? 你不是想留着走后门吗? 我告诉你,走后门是资产阶级法权,人人都有权批判。"厂长暗吃一惊,没想到一个供销员竟然会这么上纲上线。招待所女人被方平有力一击,明显开始心虚,但还坚持着:"一个乡下人懂什么法权不法权,没有房间就是没有,快滚出去。"说完用笤帚来推搡方平,方平顺手一拉,就把女人拉了个趔趄,女人大喊耍流氓,要报告派出所。其实听到这里吵闹,早有居委会大妈给派出所打了电话,警察赶来问明情况,反复盘问了方平和厂长,看看介绍信也没问题,就指出是女人不对,走后门是资产阶级思想作怪。女人只能乖乖让方平和厂长住进来。

厂长一回来就表扬了方平脑子活络,有胆识。不久,方平被大队干部看中,调到大队磷肥厂去攻关搞硫酸,厂长舍不得,但只能忍痛割爱。

大队磷肥厂说是一个厂,其实跟作坊差不多,几间破房子,房子西边空地上埋几只大缸。唯一的机械是一台粉碎机,轰隆轰隆把磷矿石粉碎,粉碎后的磷矿粉倒进缸里,再按比例倒入稀硫酸反应,几个工人戴着口罩、风镜,穿了橡胶饭单,在化学反应的浓烟中把缸里的东西搅拌搅拌,那东西就成了过磷酸钙,就是磷肥。这个操作被农民自嘲为"捣茅坑"。工艺虽然简单,但农业上大量需要,厂里却常常做不出,开几天工,歇几天班,硫酸太紧张了。厂里派了两个人专门在外面跑,还是"吃了上顿没下顿"。

方平对磷肥厂厂长说:"你别指望我马上跑到硫酸,我没有三头六臂,你至少要给我一个月时间准备,该报销的费用要给我报销。"厂长表示没问题。

方平去市里的电化厂几次,次次吃闭门羹。门卫放你进去都要递飞马牌香烟,还要说好话。到了供应科,无论科长、员工,个个牛得不行,社队办厂的介绍信看一眼抬头就扔还给你,说国营企业都满足不了呢,哪轮得到你! 递大前门香烟也没用。香烟接了往办公桌上一丢,还是叫你走路。不过,几天下来,方平看到了科长,记住了他的长相。下班时守在厂门外,远远看见科长乘上了12路公交车,他也乘上去,买票到终点。中途科长下车了,他也下车。看着科长到家,记住了门牌号。他还不走,还在远处假装找人兜圈,终于看到科长老婆出来收晾晒的衣服。"这是一个爱打扮的女人。"方平暗暗高兴。

第二天,方平带了做裁缝的姐姐到城里来,到科长家门口转悠,看清了科长老婆的身高、体型。三天后,方平带了一件女式的确良花衬衫和一条时髦裙子来敲科长家门了,说是科长朋友。科长老婆看到来客奉上的贵重礼品,心里自然有数,就寒暄起来。临走还把几件过时的衣服让方平带回去改改式样。方平改好衣服,又给科长做了一件的卡中山装,惹得科长老婆满脸笑容。没几天,科长就在礼拜天把方平请到家里吃饭了,自然,酒菜都是方平带去的。

电化厂是全市硫酸生产大户,区区一个红光大队磷肥厂的需求,科长从牙缝里剔出一点就吃撑了。大队磷肥厂吃撑了,公社磷肥厂就找上门来,方平被公社下通知调到公社磷肥厂去。公社磷肥厂的硫酸吃饱了,磷矿石又不够了,方平于是一头扎进长江边的湖北某小县城……

公社书记物色了老王和小孙两员干将,让粮管所给他们调好够吃两个月的全国粮票,又备好其他物品。书记命令他们立即出发,乘下午的轮船到城里,坐第二天一早的火车去铜陵,然后再设法西行。"活要见人,死要见尸!"书记又强调了一遍。

两人一路舟车劳顿,顺利到了湖北小县城,只见坑坑洼洼的街道上游猪成群,大猪带着小猪在闲逛,拖拉机、汽车来去都要躲着它们。两人穿的皮鞋不敢大步走路,几乎步步都要踩到猪屎。此情此景,他们想到在这里关了半年多的方平,一定吃了不少苦,心情格外沉重。老王、小孙第二天把县城主要地段走了一遍,看看市面上形势还算平静,好像没有传说中的那么可怕,便到关人的地方外围观察一番。那里不过是一长溜用芦扉扎起来的棚屋,芦扉墙壁透风,拿旧报纸糊了一层,实在是简陋。

第二天,两人壮了壮胆子,找上门去。给门卫看了介绍信,说要见负责的领导。门卫还算客气,指了指里面第一间屋子,两人进去,给看过介绍信,自我介绍一番,便问方平是否在这里。负责人看看是苏南某公社革命委员会的介绍信,又接过大前门香烟,知道是大地方来的人,见过世面,便口气平缓地告诉他们方平是被关押在这里:"他自己是新生资产阶级分子,还在这里用资产阶级手段腐蚀革命干部。"负责人说出了关押方平的原因:"他戴着一百二十元一只的上海牌手表,穿的是皮大衣,每天抽烟要抽三包大前门。我们这里资格最老的干部,一个退休的县长每天只抽两包七分钱的大鸡牌香烟,一包大前门多少钱?三毛九是吧?你说这个方平是不是新生资产阶级分子?"听了负责人的"控诉",两人明白了方平的"罪行",稍稍定了定心,跟他解释:"皮衣是方平父亲的,旧的。父亲是国家大厂里的技术员,工资高,他这样的情况,在我们那里,戴个上海牌手表也算正常。一天三包大前门不都是自己抽的,主要用于给集体搞物资,也是工作需要。我们平时忽略了对方平进行教育,我们也有责任。"

一番交谈下来,气氛逐渐融洽,负责人便说出了抓方平深层次的原因。方平自恃在这里混熟了,想想自己又没什么问题,便不把这当一回事,根本不配合他们问话,还架着二郎腿,于是就把他关了起来。

关了半年多,一直没人来救他,于是对方更加认定方平不是好人。"现在你们代表组织来了,我们对方平的看法就不同了。"负责人还是很讲原则的。

两人提出来要见见方平,负责人犹豫了一下,问手下人"他们干活回来了没有?"回答说回来了,正关在房间里等开饭呢,"那就叫他来,"负责人发话。不多时,一个几乎认不出来的方平出现了,胡子三寸长,又黑又瘦,像根立在田野里几十年的木头电线杆。见到小孙掏出香烟来,方平一把抓过一根,"火!"向小孙一伸手,小孙立即给他点上。屋里七八个人,小孙一圈香烟发完,自己点上一根正要吸,方平一根烟已经吸完了,"给我!"他一把抓过小孙的烟,滋滋吸个不停,半根又吸掉了。老王、小孙看着,眼眶湿了。

方平被关在这里,天天拉着板车到十里外的黄沙场拉两车黄沙回来,上午一趟,下午一趟。卖黄沙的钱来维持关押他们的开支。

第二天,方平的待遇改善了,上午拉沙回来不关在屋里了,让他给"犯人"们分饭了,这样,自己的那碗就可以压得紧实点。菜虽然只有一道水煮青菜,但也可以给自己多夹半筷子。老王、小孙继续找负责的领导沟通,几天后得到准信:再审查审查,如果没有问题就放他回家。

一个月后,能人方平终于回来了,家里办了两桌酒,感谢亲戚和领导。